श्रेष्ठ भारतीय साहित्य

भारतीय ज्ञानपीठ

वायु पुरुष

(प्रबन्ध-काव्य)

वायु पुरुष

(प्रबन्ध-काव्य)

उपेन्द्र कुमार

भारतीय ज्ञानपीठ

लोकोदय ग्रन्थमाला : ग्रन्थांक 1383

ISBN 978-93-87919-30-3

वायु पुरुष

(प्रबन्ध-काव्य)

उपेन्द्र कुमार

प्रकाशक : **भारतीय ज्ञानपीठ**

18, इन्स्टीट्यूशनल एरिया, लोदी रोड, नयी दिल्ली-110 003

मुद्रक : आर.के. ऑफसेट, दिल्ली-32

आवरण : महेश्वर

VAYU PURUSH
(Poetry)
By Upendra Kumar

Published by
Bharatiya Jnanpith
18, Institutional Area, Lodi Road, New Delhi-110 003
Ph. : 011-24698417, 24626467; 23241619 (Daryaganj)
Mob. : 9350536020; e-mail : bjnanpith@gmail.com
sales@jnanpith.net; website : www.jnanpith.net

First Edition : 2019
Price : Rs. 250

वायुर्य थैको भूवनं प्रविष्टो!
रूपंरूपं प्रतिरूपो वभूव!!

(जिस प्रकार एक ही वायु प्राणरूप से देहों में अनुप्रविष्ट होकर प्रत्येक रूप के अनुरूप हो रहा है, उसी प्रकार जो अरूप है, वह इच्छानुसार किन्हीं भौतिक रूपों में उन्हीं के अनुरूप स्वयं को ढाल सकता है।)

— **कठोपनिषद्** (2.2.10)

जो अरूप है, वह इच्छानुसार किन्हीं भौतिक रूपों में उन्हीं के अनुरूप अपने को ढाल सकता है।

—**आदि शंकराचार्य**

टूटते सितारों ने गढ़ी भाषा
संवाद ही तो महास्वप्न है
है महासत्य
धरती के अरमानों का

आदरणीया श्रीमती इंदिरा देवी धनराजगीर को

तराना

मैं ठीक-ठीक नहीं कह सकता कि क्यों और कैसे मेरे मन में यह विचार आया कि मैं वायु पर कुछ लिखूँ। यूँ तो कवि मन, नयी-नयी चीजों की खोज में रहता ही है। एक दिन बैठे-बैठे मेरे मन में इन्द्रधनुष-सा एक खयाल आया कि जिस चीज पर मैं जीता हूँ, जो मुझे जीवनदान देता है, वह कितना मोहक और स्वप्निल, कितना आकर्षक और उत्तेजक हो सकता है। ज्ञान और अनुभूति के जाने किन-किन रहस्यमय वादियों की सैर करा सकता है। कल्पना के पंख वाले घोड़े पर बैठा, अन्तरिक्ष की अनन्त सम्भावनाओं से परिचित करवा सकता है, यह वायुदेवता, जो लहरों पर चलता है, पहाड़ों से होते हुए हमारे बागों में, जंगलों में उतरता है...

अनुभूति और रचना में हमेशा एक फासला तो बचा रह ही जाता है। मेरी यह काव्य रचना मेरी मन:स्थिति को पकड़ने में कितनी सफल हुई है, यह मैं तो नहीं कह सकता, परन्तु न जाने कितने महीनों मेरे जीवन में वह रास करता रहा है! यहाँ इस कविता में शायद प्रेम के कई पहलू मिलेंगे। इस तरह, जैसे 'वह' मुझसे लिखवा रहा है।

ये अदृश्य देवता हमारे बीच होकर भी हममें से किसी की पहचान में नहीं आता। भारतवर्ष में कितने ही काव्य और महाकाव्य लिखे गये हैं। *पुरुष-सूक्त* वायु की बात तो करता है, परन्तु इस अमूल्य वायु को काव्य में नहीं ढालता है। वायु पर लिखा गया *वायु पुराण* भी कोई पुराण नहीं; वायु द्वारा लिखा गया पुराण है।

यूँ तो कहा यही जाता है कि कविता की रचना कवि करता है, लेकिन सच यह है कि मिथक-काव्य स्वयं अपने आपको रचता है। इसे और स्पष्ट करने के लिए यह भी कहा जा सकता है कि कवि द्वारा कविता रची नहीं जाती, वह तो कवि के मनोमस्तिष्क पर कहीं से उतरती है। मैं यह बात अपने सन्दर्भ में कह रहा हूँ। इससे कितने लोग सहमत होंगे, मैं नहीं जानता।

मैंने इस काव्य को पवन झकोरों में झूलते हुए झूम-झूम कर लिखा है। मन की भावनाएँ और अनुभूतियाँ जैसे-जैसे उच्चतर आयामों की ओर बढ़ती हैं, वे संश्लिष्टतर और सूक्ष्मतर होती जाती हैं, लगभग अदृश्य। पवनदेव वैसे ही अदृश्य

हैं; और, लगभग अदृश्य अनुभूतियों एवं संवेदनाओं तक पहुँचने का कवि के पास केवल एक ही मार्ग बचता है, वह है उस अदृश्य के साथ एकाकार हो जाना। उन संश्लिष्टतर और सूक्ष्मतर संवेदनाओं के साथ एक ऐसा तादात्म्य स्थापित कर लेना कि कोई द्वैत ही न रहे। यह तभी सम्भव था जब मन और बुद्धि को पवन झकोरों के साथ झूमने के लिए उन्मुक्त कर दिया जाए।

यह काव्य कहीं-कहीं रोमांटिक हो गया है, प्रेमगाथा बन गया है। प्रेम एक समर्पण है। कवि न केवल उसे स्वीकार करता है वरन् अपने आपको उसके प्रति प्रतिबंधित भी करता है। मैंने इस काव्य को इतने समर्पण भाव से कैसे लिखा, इसके चुंबकीय आकर्षण में मैं कैसे गिरफ्तार हुआ, कहाँ-कहाँ से कौन-कौन से विचार आए, मैं नहीं जानता। हाँ, इतना सही-सही जानता हूँ कि यह कविता आपके मन से ही बतियाएगी। इसकी कोमल संवेदनाएँ आपके हृदय में भी लालसा के नये फूल उगाएँगी, नयी उमंगों की लहरें उठाएँगी, आपको उद्दीप्त करेंगीं। यकीनन रचना आप सबके मन से जुड़ेगी और आप इसमें ऐसे कई मिथकीय रोमांस के पहलू पाएँगे जो साधारणतया पकड़ से बाहर, अनछुए और अनदेखे रह जाते हैं।

मैं उन क्षणों का ऋणी हूँ जिन्होंने मुझे एक अनजानी दुनिया से परिचित करवाया। मैं उसी दुनिया से आपको भी परिचित कराने की कोशिश कर रहा हूँ। किस हद तक करवा पाया, वह तो मेरी काव्य-रचना पर निर्भर करता है। काव्य की पहचान तो यही है कि वह औरों के दिल की धड़कनों को छुए, शोर मचाए, नींद चुरा ले।

यह कविता अगर लोगों की नींद चुरा ले और भावकगण अपने आपको इसमें कहीं पा लें तो इससे बढ़कर कवि की क्या उपलब्धि हो सकती है!

आइए, इस मधुवन में कविता के मधुरस का पान कीजिए। सपनों के पंख लगा कर अपनी कल्पना को खिड़की के बाहर उड़ने दीजिए। हर वस्तु कल्पना के पंख लगा कर उड़ जाती है। जैसे कल्पना अपनी-अपनी होती है वैसे ही पंख भी अपने-अपने होते हैं, जीवन और उसके अनुभव भी अपने-अपने होते हैं, वे इतने मधुर भी हो सकते हैं कि सपनों में गूँजें।

जीवन का क्या कहिए? वह तो गाते हुए जन्म लेता है और मंगल क्षणों में नृत्य करता है। झूम-झूमकर हमारे क्षणों को गीत बनाता है, उसमें संगीत की झनकार छोड़ता है। कई राग हैं और प्रत्येक राग की अपनी अपनी खूबियाँ हैं, अपनी-अपनी पहचान है, अपना-अपना जादू है। उन्हीं सात सुरों में न जाने कितने रस, कितने गीत, कितने वाद्य, कितनी तानें बजती हैं। जीवन और जादू है सप्तसुरों का।

परिन्दों की तरह क्षण भी होते हैं। जाने कहाँ से उड़ते आते हैं, जाने कहाँ

उड़कर चले जाते हैं। परन्तु इस प्रक्रिया में वे हमें भी अपने साथ-साथ उड़ाते हैं, कुछ स्मृतियाँ, कुछ यादें छोड़ जाते हैं। उसी तरह यह काव्य मेरे मन में आया और मुझे उड़ाता ले गया। मन:स्थिति से काव्य बना। मेरी आँखों में जो झलकियाँ आईं उन्हें मैंने उतार लिया। मेरी आँखों में जो चित्र आए, उन्हें मैंने जामा पहना दिया। कहीं ब्रह्म कमल आए, कहीं हंस आए, मोतियों की कल्पना आई, कहीं कोई मन्त्र गूँजा, कहीं कोई शंखध्वनि गूँजी। सुबह शाम प्रार्थनाएँ आईं, संसार कमल जैसा खिल-खिल गया; आशाएँ, उमंगें अपनी धुनें बटोर लाईं। वे ही राग बनीं, अनुराग बनीं, जीवन की धुन बनीं।

धुन, प्रकृति भी है, जीवन भी है, राग भी है, अनुराग भी है। इसे कैसे सुलझाएँ कैसे समझाएँ? जो मेरे मन को छू गए, उन्हीं को मैंने इन पन्नों में बन्द कर दिया। जीवन एक कड़ी है, राग भी एक कड़ी है, दृष्टि भी एक कड़ी है, इन सबको मिलाकर कविता बनी है। जिसके पालने में जीवन झूलता है, नृत्य करता हुआ कई मौसमों को छूता है, फूलता-फलता है।

यह अदृश्य-देवता वायु, इन सबका एकमात्र गवाह है, जिसे आपने कभी नहीं पहचाना। वह तो प्रत्येक मनुष्य, पशु, पक्षी, वृक्ष, फसल, पेड़-पौधे, जड़ी-बूटी, वन-उपवन को जानता है। प्रत्येक को छूता है। प्रत्येक के संग चलता है। वही तो मौसमों को लाता है। उसके बिना कोई कली, फूल नहीं बन सकती। कोई नदी, समुद्र तक नहीं पहुँच सकती। कोई समुद्र, बादल नहीं बन सकता। कोई बादल, बरस नहीं सकता। जीवन हरा-भरा नहीं हो सकता। ज्ञान झलक नहीं सकता। सुर गीत नहीं बन सकते। पक्षी आकाश में उड़ान नहीं भर सकते। जिसके चाबुक से दुनिया चलती है, दुनिया का उद्भव हुआ है, उसे कभी किसी कवि ने नहीं छुआ। यह आश्चर्य की बात है। परन्तु आश्चर्य कैसा? जो हमारे इतने समीप है, जो हमें छूता है, उसे हमने इतने करीब से महसूस किया है, मगर अनदेखा कर दिया है। कितनी रोचक है उसकी जमीन, उसका प्रभाव, उसकी कहानी, वह अदृश्य कैसा?

जो पल-पल साथ है; जो हर क्षण जीवन में मधुमास लाता है और तब भी साथ होता है, जब वे क्षण गुजर जाते हैं। वह हर समय साथ है, क्षण-क्षण में, जीवन के हर पड़ाव में, उड़ान में, नृत्य में, जीवन के मंगलमय क्षणों में, जीवन के मधुर स्वप्नों की प्रतीक्षा में। हाँ ये सब तो आपके, मेरे, सबके जीवन के साथी हैं। तभी तो उसने मेरे मन पर दस्तक दी है और यह काव्य मेरी कलम को अपनी भाषा देकर लिखवा लिया है।

जादुई क्षणों को, ऐतिहासिक क्षणों को, एक लम्बी तान की तरह सृष्टि में सप्तसुर अहोरात्र बजाते हैं। केवल हम सुन नहीं पाते। मगर पक्षी, पेड़, मौसम, नदी, समुद्र सुन पाते हैं। मछली का पता नहीं परन्तु मिलने तो जरूर आती है जल की

सतह तक। पेड़ सुनते हैं, पर्वत सुनते हैं।

उँगलियों के स्पर्श में, दो होंठों के बीच की जगह में, नजरों से नजरों के मिलन में, जुदाई में, मुस्कान में, अश्रु में...क्या संस्पर्श में संग नहीं है? घड़ी के डॉयल में, हाथ की चूड़ियों और कंगनों में, कर्णफूल में, गले के हार में, मुकुट के शृंगार में... क्या वह आपको नजर नहीं आता? नजर तो आता अवश्य होगा। मेरे साथ चलकर देखिए। कहाँ-कहाँ देखिएगा? जहाँ से जहाँ देखिएगा, वहीं उस रास-रंग को, आलाप को, वहीं मीरा को, वहीं कृष्ण और राधा को पाइएगा।

उसे अजान में भी पाइएगा, उसे ईसा मसीह की प्रार्थनाओं में भी पाइएगा। उसे जेरुसलेम में, अफ्रीका में, मॉरिशस में—जहाँ जाइएगा, वहीं पाइएगा। जरा सोचिए यदि आपको केवल बहारों में जीना है, साल-दर-साल कहीं न कहीं बहार तो आई ही रहती है। वह हमेशा जिन्दा है। मन लिप्त हो, तो मनुष्य बहारों को पूर्णतः जीता है। यह मन भी तो एक पेड़ है! जीवन के क्षण, जो मात्र पत्ते हैं, झरते हैं, जाग जाते हैं। पक्षियों को अपनी डालियों पर शरण देते हैं। जैसे पवन मनुष्य को जीवनदान देता है। उड़ाता भी है और फिर लाता भी है। आता है, जाता है।

हमेशा तो हम आँखों से देख पाते हैं, मगर कभी-कभी हम उस गंधवाह को दिल से भी देख पाते हैं। वे क्षण ही हैं, इस काव्य में।

मैं अपने काव्य की बड़ाई नहीं कर रहा हूँ। मेरा संकेत केवल सृष्टि के नृत्य की तरफ है। उसे छू लें, उसे जान लें, उसे उठा लाएँ अपने जीवन में। बड़ी महत्त्वपूर्ण आकांक्षा से बनती हैं मूर्तियाँ—लक्ष्मी, सरस्वती आदि। यह सरस्वती की देन है। सप्तसुरों से लिपटी ये हवाएँ परिपूर्ण सरस्वती हैं। उसके आँगन में नृत्य करते वायु की मूर्ति तो नहीं है, हाँ, वायु पुराण है जो वायु के द्वारा कहा गया। वायु, काव्य है, गीत है, अनुराग है, प्यार के साथ-साथ जनक और पालक भी है। काव्य पुरुष है जैसा ब्रह्मपुत्र है। वह नद है, नर है और अठखेलियाँ करता चलता है, नदियों के साथ। उनके मन में नयी इच्छाएँ भरता, उनकी आँखों में नए-नए स्वप्न भरता। पल-पल, हर मौसम में, सावन में, बरसात में।

उस जगदाधार का नाम पत्ते-पत्ते पर लिखा है। उसका नाम कण से लेकर बड़े-बड़े पहाड़ों और शैल शिखरों पर लिखा है। जैसे ॐ। मजहबों के पार, पवित्र ग्रंथों से ऊँचा, उच्चारण को समेटता हुआ प्रथम नाद, सृष्टि में झंकृत। इसी वायु के माध्यम से क्या-क्या नहीं हुआ। ध्वनि तरंगें जाती हैं, लौटकर आती हैं। हम जीवन का सार ढूँढ़ने लगते हैं कवि बनकर। क्या मनुष्य नहीं रह जाते? सिर्फ कवि रह जाते हैं? नहीं-नहीं मनुष्य के हृदय में ही तो कवि है।

जीवन जीने के लिए दृष्टि चाहिए—सजग और चैतन्य दृष्टि। किसी को नकारने की आवश्यकता नहीं। प्रेम तो प्रत्येक का हक है। प्रेम न सही प्रेम का

आभास तो हो! हर मनुष्य की जीवन यात्रा में किसी का साथ हो, इतनी इच्छा रखने का तो अधिकार है। भले जीवन धूप-छाँव है। आती-जाती लहरों पर नाचती, सायों से परछाइयाँ बनती, कभी इधर, कभी उधर। कभी योग, कभी वियोग। परिस्थितियाँ जितनी सहज हैं उतनी ही असहज भी। उनको परखना उतना ही कठिन जितना निरूप को।

सुख क्या है? दुख क्या है? राग है, अनुराग है। पुण्य है, श्राप है। तिलस्मी है जीवन। कभी लोभ, कभी त्याग। कोई पुकारता है उस पार से, नदियों के छोर से। दिल मचलते हैं। दिल तड़पते हैं। यह सब माया है या सत्य? समझने वाले कहेंगे माया है। प्रेम करने वाले कहेंगे सत्य। कवि के दिल से पूछिए! माया जीवन को काल्पनिक करती है। जबकि जीवन यथार्थ और वास्तविक है।

कवि निकलता है भटकने। इस भटकाव में उसे अनायास मिलन होता है, अब उस मिलन को क्या कहना? माया या सत्य? हमारे लिए तो सत्य है। अजीब सत्य है जीवन, तभी तो उस अभीष्ठ जीवनसाथी से बतियाते हैं हम, जो वायु है।

स्मृतियों की दुनिया तो न्यारी है। वे तो पुराणों से भी भारी है। नक्षत्रों के उजालों में जीती है। दिन के उजालों में ढूँढ़ने निकलती है। क्या ढूँढ़ती हैं यादें? हर एक के जीवन की पगडंडी कभी कहीं से, तो कभी कहीं से निकलती है। कभी बुद्ध के साये रास्ते में वृक्ष बनकर तन जाते हैं। खड़े हो जाते हैं हम उन सायों तले। हमने अपने आपको खोजा। वेदों की आवाजों ने मुक्त कर दिया। कवि जयदेव ने प्रेम की प्रेरणा दी। हम सब में एक उमंग की धारणा दी। *पुरुष सूक्त* कोई मामूली काव्य नहीं। एक सम्पूर्ण जीवन-दर्शन है। कवि तो वायु-सा भटकता ही रहता है। न दर्शन ठहरता है, न समय ठहरता है। न जीवन ठहरता और न ही ठहरती है कविता। बहती रहती है सृष्टि की रगों में चंचल आग की तरह।

जीवन का सत्य तो पूर्वजन्मों से ही उदित होता रहा। उसको तो माँ की गोद में करुणा ने सिखाया कि चलो धीरे-धीरे, राह कठिन और लम्बी है। मंजिल दूर है। चलना है सँभलकर। सब चीजें सम्भव हैं। आकाश-वृक्ष से तारे तोड़ना, फल समझकर खाने लगना। सूर्य को पकड़ने दौड़ना। ये असत्य नहीं है। यह हम सबने जिया है। समय इसका साक्षी है।

प्रकृति और पवन के लिए प्रदूषण हिंसा है, अभिशाप है, जैसे संसार के लिए आतंकवाद। ऐसा अभिशाप या आतंकवाद, एक मनुष्य या एक देश का नहीं होता। वह तो एक सभ्यता विनाशक के लिए है। कितना अपूर्व! हिंसा भी भला कोई अभिलाषा है? नहीं, नहीं, हम उस देश के रहने वाले हैं, उस संस्कृति को जीने वाले हैं, जिसने अहिंसा की मशाल जलाए रखी है। हिंसा को सदा नकारा है। हमने इंसानियत को सूर्य से भी ऊपर रखा है। यह हमारी परम्परा है। पुरखों की धरोहर है।

इस भूमि की आकांक्षा है। जो कभी मर नहीं सकती। एक मशाल जो कभी बुझ नहीं सकती। प्रत्येक वृक्ष हमारी पताका है। उँगलियाँ उसी को छूने बढ़ती हैं।

ऋचाएँ निमन्त्रण देती हैं, भोग-विलास के मारे उन लोगों को, जो राहों से भटक गए हैं। अब मत पूछिए कि वे कहाँ गए हैं। उन्हीं की तलाश में तो हम निकल पड़े हैं। हमारे दिन-रात का चैन, सब कुछ तो निकल पड़ा है। रोकिए, रोकिए उन हथियारों को। दूर से आएँगी। जंगल से आएँगी, दुष्ट आवाजें। हम हाथ पे हाथ धरे बैठ नहीं सकते। मारने वाले हाथ से पूछिए कि वे किसको मार रहा है? धर्मयुद्ध भी तो नष्ट ही कर गया। फिर अन्य युद्धों से क्या उम्मीद! ऐसे युद्ध तो नष्ट कर देंगे वायु को—जो होगा अन्त सृष्टि का।

यह परम्परा ही गलत है। हमको जो सोचने को मजबूर करती है कि जीवन सृष्टि का महास्वप्न है। अमृत का साक्षात्कार है। अमृत तो अमृत है। आँधी, तूफान, मेघ, वर्षा, ग्रीष्म, वसन्त सब कुछ तो पूर्व निर्धारित है। प्रकृति का क्रम निश्चित है। जो सृष्टि के पालने में अमृत-बीज बोता है, जीवन उसी की खोज में निकलता है। जल, वायु, सृष्टि, मनुष्य ये अलग-अलग नाम हैं। एक ही शक्ति के। एक ही मंजिल के। नहीं जी सकते ये टुकड़ों-टुकड़ों में।

देखिए वायु ने मुझे भटका-भटकाकर, खड़ा कर दिया किस मोड़ पर। मजबूर कर दिया कवि को कि वह इन सबको उतारे कागज पर, ढालकर कविता में। लाखों दिलों को जोड़े। परिवर्तन तो आ ही सकता है। अवश्य ही आएगा—एक न एक दिन।

—उपेन्द्र कुमार

एफ-73, ईस्ट ऑफ कैलाश
नई दिल्ली-110065
मोबाइल : 9818934640

अनुक्रम

पहला सर्ग

मैं वायु हूँ
कहाँ हुआ जन्म मेरा
किन पालनों में झूला
कौन–सा कल्प था वह
मैं जानता हूँ और नहीं भी
एक अबूझ पहेली है या स्वप्न

हवा का स्पर्श अभी भी
अनेक अर्थ रखता है
उनचास पवन बाहर
पाँच प्राण भीतर–
आपान, उदान, समान, व्यान और वायु

मैं वायु हूँ
अन्तरिक्ष में आलोकित

एक अप्रत्यक्ष देवता
मेरे बीच से पुनः पुनः गुजरता
कभी सावन बनकर
कभी मधुमास

कभी बारिश की लड़ियों में
बनकर अमृत बूँद
तरह-तरह की राग-रागिनियाँ गाता बजाता
आकाश और धरती के अभ्यन्तरों को
करता उद्वेलित जलतरंग की भाँति

निःसंकोच प्रेमरस में डूबा
फूलों की क्यारियों को उमंग से भरता सहलाता हुआ
नदियों पर टहलता हुआ

मैं वायु हूँ
अपने आपको नदियों के हवाले करता
जब तक कि प्रेमोत्सव में
चूर-चूर न हो जाता
उनको और स्वयं को भर न लेता आलिंगन में

जाने क्यों
'हवा' शब्द को भाषा ने माना स्त्रीलिंग
ऐसा तो नहीं मानते शास्त्र
मिथक तो कहते हैं कथा
हवा के बेटे कपीश की, वायु-पुत्र भीम की

चलती है बात जब प्राचीनतम सभ्यताओं की
तब होता है जिक्र मिस्र का भी

बात उसी मिस्र के मातृदेवी-पूजक निवासियों की है

उनकी प्राचीनतम चित्रलिपियों में

माँ का प्रतीक है चील पक्षी
जिसका धड़ स्त्री का और सिर चील का

है अत्यन्त रोचक प्रसंग
स्वीकारने का चील को माँ का प्रतीक[1]
प्राचीन मिस्रवासियों का ऐसा था मानना
चीलें होती हैं केवल मादा
उड़ती, अठखेलियाँ करती ये चीलें
पहुँच जाती हैं आकाश की असीम ऊँचाइयों तक
जहाँ निश्चिन्त हो पंख फैला, गोल-गोल मँडराती हैं
करती हैं खेल-खिलवाड़
छेड़ती हैं वायु को
तब तक लुभाती हैं उसे
चुम्बन से, आलिंगन से,
जब तक कामोत्तेजित वायु
समेट नहीं लेते उन्हें अपनी गोद में
और नर प्रजाति की अनुपस्थिति में भी
इस प्रकार वे बनती हैं माँ
बढ़ाती रहती हैं अपनी प्रजाति

इन कथाओं को जानते समझते
क्यों चौंकना कवि द्वारा हवा को पुरुष बताने पर
मिथकीय वायु पुरुष की कथा सुनाने पर

वायु पुराण या हो *अग्नि पुराण*
करते हैं उल्लेख सभी वायु का

1. अनुलग्नक (क) (ख) (ग)

वायु पुरुष का, वायुदेव का
अपनी–अपनी समझ से, ज्ञान से, अनुभवों से
मिथकीय उपस्थिति वायु की परन्तु
मानते हैं सभी

तब न आकाश था न पृथ्वी
न अंधकार न प्रकाश
न दिन था न रात बस
था तो एक विराट शून्य

तदनंतर सृष्टि हेतु
एक बीज ने किया प्रकृति में प्रवेश
यह महायोग था
एक महामिलन
एक महा प्रणय–निवेदन एक महा केलि
पुण्य–मिलन का महासमागम
उद्भूत हुए जिसके फलस्वरूप क्रमशः
आकाश, वायु, अग्नि, जल और पृथ्वी

पृथ्वी की सतह पर प्रसन्न पवन
अपने वाहन हिरण पर सवार
हाथ में अपना ध्वज फहराता
खेलता कूदता दौड़ता भागता
क्रुद्ध होता तो बनता प्रलयंकर झंझावात
न कोई ठौर न ठिकाना
न कोई फिक्र न फुरसत

इसी कठिन कठोर प्रसन्न प्रमुदित
अन्तरिक्ष के देवता वायु ने
उचित अवसर पर अलगाया था आकाश को पृथ्वी से[1]
स्वर्ग को संसार से

उठी थीं प्रार्थनाएँ
शत्रुओं से रक्षा की
स्वर्ग के देवता सूर्य से स्वर्ग में
धरती पर पृथ्वी के देवता अग्नि से
और अन्तरिक्ष में
वातावरण तथा पर्यावरण के देवता वायु से[2]

समस्त भुवन में, वातावरण में, अन्तरिक्ष में
यदि कहीं कुछ था तो हवाएँ थीं
जमीन से आसमान तक और उससे भी परे
कभी रुष्ट हवाएँ, तो कभी सन्तुष्ट हवाएँ
अपने प्रबल वेग से, धरती को रौंदती
समुद्रों का मन्थन करती
पर्वतों का मर्दन करती
तो कभी उन्हें सहलाती, दुलराती
खबर लेतीं उनके दुःख दर्द का

थीं सवार वायुदेव के कन्धों पर
धरती की समस्त सुगंधियाँ
मस्तक पर
महान कविताओं को राजमुकुट की तरह धारण किए

---

1. वायुपुराण 24.74
2. ऋग्वेद 10.158.1

तत्पर कर्मठता और संभावित कामनाहीनता के बीच
थे गतिमान वायु

अपने मन पर जैसे उठाए
दुःखों का एक पहाड़
धरती के सभी कोनों-अँतरों की लेते खोज खबर

जल और अग्नि से करते वार्तालाप
सभी स्थायी और अस्थायी
टिकने और नष्ट हो जाने वाले सत्यों की पहचान करते
वायु पुरुष कभी बनते आँधी तूफान तो कभी बादे-सबा

लम्बे समय तक चलने वाले
भयंकर तूफानों की चोटें
छोड़ती रहती थीं निशान खरोंचों के
पर्वत शृंखलाओं के स्वरूपों पर
घूमते थे सैकड़ों चक्रवात करते प्रताड़ित
विशाल पर्वतों को

घर्षण से उत्पन्न विकट ध्वनि तरंगें
उठाती थीं सागर की लहरों को
अनन्त ऊँचाइयों तक
अन्तरिक्ष से उतरे
पाशविक विचारों के जमावड़ों के विश्वघाती संक्रमण को
किसी ग्रहण की तरह ढोते
आँधियों के पंखों पर सवार
वायु पुरुष डोलते फिर रहे थे हर कहीं

पृथ्वी की कोख से उठती
समुद्री लहरों जैसी
बड़वानल की लपटें छू रही थीं
आसमानों के पार बसे सूर्य चन्द्र लोकों को
डरावनी तरंगें उठतीं क्रोधित सागर की लहरों की तरह
और अनन्त आकाश के आईनों में सिमट जाती धरती

होते अवतरित ग्रहण
अन्तरिक्ष के सरगम पर वायुदेव
नाचते डोलते कहीं से कहीं फिरते

खोजते विश्राम हेतु शय्या निरर्थक
उपलब्ध नहीं था बिछौना शेषनाग का
निराशा में विक्षुब्ध हो सिर पटकते
छाती पर क्षीर सागर के
खँगालते उसे बार-बार

पृथ्वी की आशाओं जैसी समुद्र की लपटें
आसमानों पर बसे सूर्य, चन्द्र
भ्रमित मति काल के साथ हुँकारते—
हो जाने दो सब कुछ व्यतीत
बन जाने दो वर्तमान को अतीत
पैदा होने दो मनुष्यों को, वनस्पतियों को
नभचरों, थलचरों और जलचरों को

पैदा होने दो
गुलाबी रंगत वाली जलपरियों को
शायद तभी विश्रामित हो पाएगा वायु पुरुष
उन जलपरियों के ही आगोश में

अनन्त के स्वाद और गन्ध
दौड़ते चले जाते थे
वेगवान वायु पुरुष के फड़फड़ाते उत्तरीय में लिपटे
पर्वतों की गुफाओं में
सागर की खाड़ियों और अतल गहराइयों में

अभी तक तो
आकार लेना भी नहीं शुरू किया था
आसमान की शून्यता ने

समुद्री घास की राख की भस्मी रमाए
आकाशगंगा के किनारों पर
भविष्य के पदचापों के निशान बुनते
पारदर्शी वायुदेव गुजरे कैलास से
पवित्र जल से आचमन कर विश्राम किया क्षण भर
नंगे पत्थरों पर पर्वत के

अपने एकाकीपन से ऊब
संग साथ की चाह में
सृष्टि की राह में
उन्होंने यहीं बैठ किया आयोजित
एक महायज्ञ
किए अशेष मन्त्रपाठ
और होम-हवन

करने के लिए परम शक्ति को प्रसन्न
किया प्रगट एक मोहिनी सुनयना अप्सरा को
जिसकी विवस्त्र देह थी अलसाई
हवन से उठते धूम्र के बीच

सुदर्शन सुगठित चन्दन लेपित देह–यष्टि
जगमगाती हुई स्वर्ण–चूर्ण के विकीर्णन से
कस्तूरी गन्ध–सी गमकती हुई
आकर्षक जंघाओं और कंपित रोमिल उदर के
वर्तुल गह्वर से

रससिक्त होंठ थोड़े उदार
मदनालस नयनों पर थोड़ी झुकीं पलकें
जैसे कामदेव के धनु पर धरा
स्मर–बाण उन्मादन
अब छूटा कि तब
परन्तु वह वेध पाई नहीं
परम–आत्म के रसिक हृदय को

न की उसकी अनुशंसा
यज्ञ का अंश लेने वाले
तैंतीस देवताओं तक ने[1]

स्वीकृत की न जा सकी वायु पुरुष की यह हवि
पृथ्वी पर रची जाने वाली
मैथुनी सृष्टि के प्रारम्भ हेतु

हो न सकी
यज्ञकुंड से उठते
उस धूम्र–पर्यंक पर
दया और निष्ठुरता, शक्ति और क्रूरता की बेरहम मन्त्रणा

1. ऋग्वेद 1.139.11

काम, मद और लोभ को सम्मिलित करता
प्रेम–घृणा, शान्ति–युद्ध, त्याग–तपस्या, आस्तेय–लालच के द्वंद्व
कठिन, कठोर,
मोहक और लुभावनी मानवी–सभ्यता
के निर्माण का षड्यन्त्र
हुआ विफल
मैथुनी जैविक सृष्टि के प्रकटीकरण का
प्रयास रहा निरर्थक
हो न सका
सिद्ध
वायु पुरुष का यज्ञ

होता भी कैसे
आने वाले सतयुग में
सृष्टि का
यह कलयुगी षड्यन्त्र।

दूसरा सर्ग

इतना सब कुछ घटित होने के बावजूद
अभी तक नहीं हो पाया था प्रगट जीवन
नहीं था प्राण उपलब्ध किसी भी स्थूल रूप में
न तो अस्तित्व था नाना प्रकार की प्रजाओं का
न थी मानवीय सृष्टि ही

आवश्यकता थी एक ऐसी श्रृंखला की
एक ऐसे क्रम की, ऐसी एक लड़ी की
जिसमें निरन्तरता हो सहवास की,
समागम की,
नित नए जन्म की

बताती हैं पवित्र पुस्तकें
सृष्टि के निर्माण की एक गाथा यह भी—

स्वयंभू पराशक्ति ने
स्वेच्छा से
अपने को
अनेक स्वरूपों में
प्रकट करने की कामना के

हो वशीभूत
तदन्तर किया जल में आरोपित
अपने शक्ति रूपी वीर्य को
प्रकट हुआ
वह
धारण कर रूप एक
सुवर्णमय अंड का

हिरण्यगर्भ[1] ने किया निवास पूरे एक वर्ष तक उसी अंड में
फिर किए उसके दो भाग
एक का नाम द्युलोक हुआ और दूसरे का भूलोक

साथ ही साथ किया स्थापित इन दोनों के बीच आकाश को
रखा जल के ऊपर पृथ्वी को
और निर्धारित की दसों दिशाएँ

इस प्रकार हुईं परिपूर्ण सारी तैयारियाँ
उपलब्ध हुए जीवन हेतु सभी आवश्यक तत्त्व
सुनिश्चित हो चुकी थी
पंचमहाभूतों की उपस्थिति
उपस्थित थे वे
आकाश, वायु, अग्नि, जल और पृथ्वी के रूप में

---

1. सुवर्णमय अंड में अवस्थित होने के कारण भगवान को इस नाम से भी पुकारा गया है।

सिलसिला आगे बढ़ा
हिरण्यगर्भ ने किया प्रगट
अपने मानस पुत्र पद्मनाभ ब्रह्मा को
जिन्होंने किए दो भाग अपने शरीर के
आधे भाग से वे पुरुष हुए और बन गये स्त्री आधे से

महत्त्वपूर्ण था यह विभाजन जिसने
सुनिश्चित की निरन्तरता
समागम और सहवास द्वारा
उत्पत्ति एक सृजन शृंखला की
फिर तो चल पड़ा जन्म पुनर्जन्म का चक्र
जाने गये ये ही
स्वयंभू मनु तथा शतरूपा के नाम से
इनसे ही हुई शुरू मानवीय सृष्टि

तरह-तरह की प्रजा के जन्म की
निरन्तर चलने वाली प्रक्रिया हुई आरम्भ
बीज से वृक्ष और वृक्ष से पुनः बीज

शून्य से निर्माण
और फिर समस्त निर्माण का
हो जाना विलुप्त शून्य में

सारे भ्रमों को
समस्त त्रिभुवन में फैले मायाजाल को समेटते
हटाते सारे आवरणों को
करते विवस्त्र सारे असत्यों को
हो जाने के लिए नष्ट
झूठी मान्यताओं को
समय के कूड़ाघरों में ढकेलते

वही प्रबल प्रवेग वाले वायु पुरुष
निर्धारित करते अदला-बदली की शर्तें
समय और मिथकों के बरक्स

टूटते सितारों ने गढ़ी भाषा
संवाद ही तो महास्वप्न है
है महासत्य
धरती के अरमानों का

सोच की लम्बी शाखाओं पर बैठे
विचार-पक्षी फड़फड़ाकर उड़ते
कुछ बहाव की दिशा में
तो कुछ प्रवाह के विरुद्ध

यक्षगण भी नहीं जानते
कौन पहुँचेगा सही गन्तव्य पर
और वह भी सबसे पहले

वैसे तो चली आ रही हैं बहसें अनन्त काल से
और चलती रहेंगी शायद अनन्त काल तक
सही गन्तव्य के पहचान की

परन्तु वायु पुरुष को इससे क्या लेना-देना
उनके पास तो नहीं है अनन्त समय

पहुँचना है उन्हें समस्त दिशाओं में फैले
सारे इच्छित गन्तव्यों तक
और वह भी
वृक्ष के पुनः बीज में विलुप्त हो जाने के पहले

प्राणवायु के संरक्षक और संवाहक
वायुदेवता चल पड़े मिलने
भिन्न-भिन्न रस, गन्ध, रूपों से
संयोग और सहवास से
करने उत्पन्न विभिन्न प्रजाओं को
जलचरों को, थलचरों को, नभचरों को
और वनस्पतियों को जल में, थल में

वायु परम प्रवीण
चुम्बन से आलिंगन तक

प्रेम की तृष्णा उनमें अनहद...
व्याकुलता—जैसे कोई आतुर प्रेमी
इच्छाएँ मनुष्य समान
प्रेमिकाएँ भी कई

बार-बार खुले द्वार से
समय-समय पर अन्तःपुर में लौटते
मगन करते, विचलित करते, प्रेमपाश में समेटते
एक दूसरे को टूटी साँसों से दुलराते शब्दों में

'मेरे सर्वस्व कितनी कितनी बातें करें'
अपने प्रेमपाश से अलग नहीं होने देतीं

'देवि-देवि मैं कब दूरी चाहता हूँ
जितने सुख यहाँ हैं और कहाँ'
कहते हुए दोनों अन्तहीन स्थिति में चले जाते
देर बाद दो नदियों का मिलन होता
दोनों बदन लिपटे रहते...

मौसम का निखार है
हर चीज मन को तिलस्मी करती है
इतनी सुन्दरता और कहाँ मिलेगी मौसम को
पृथ्वी का आशीर्वाद यहाँ
बार–बार ऋतुएँ बदलतीं
नए रूप धारण करतीं
नया सौन्दर्य लातीं
नए उपहार, कभी न मिटने वाली उमंग

पेश करते हैं हर बार मौसम तरह–तरह के फूल, वनस्पति
गुलाब अपना मस्त इत्र बिखेरता है
और दूर पर्वत के सीने को चीरकर
बड़े वेग से केवड़े के वन में
अपने को निर्वस्त्र करती हैं सुगंधियाँ

इसी धरती ने
अपनी समुद्री रेखाओं के संग
पूर्वजों की ऐतिहासिक दुनिया को रखा सुरक्षित
पीढ़ी दर पीढ़ी
समुद्र से आती तूफानी हवाओं को झेलती
अपने आप में बसा लेती छोटी हरियाली
उसमें से गुजरती नदियों को
ब्रह्मपुत्र नद तक का रास्ता तय करने देती
हमारे पास नद है
किसी और देश की नगरी में
कहाँ इतना जल

लपकते, छलाँगते, नाचते-गाते
समुद्र की सुन्दर रेत पर पहुँचकर
वायु लेट जाते हैं
समुद्र की लहरें अनायास उन्हें अपने सीने से लगा लेतीं
उन्हें अपने संग समुद्र देश ले जातीं
जहाँ दोनों की कामना पूर्ण होती
सुध-बुध खोकर इच्छानुसार
हर कम्पन का समाधान
दोनों के अधरों पर होता

वे आगे-पीछे तैरते किनारे तक पहुँच जाते हैं
और लता पर लगे फल को
अपनी प्रेमिका के बदन पर रखते हैं
दोनों अपनी रचना रचते हैं
आनन्द ही आनन्द
गर्भ में गर्भजल की तरंग

फिर मिलेंगे कहकर आगे निकलते

सूर्य किरणों की जवानियाँ नहाने निकलतीं

चमकते बिल्लौर-सा बदन
पानी और लहरों के बीच

वे जवानियाँ हाथों से पकड़तीं-छीनतीं
अपने उरोज
तो कोई जल पर लेटी हुई बुलाती हैं
देह जल की सतह पर अपना सम्पूर्ण यौवन झलकाती

क्या कहता?
मेरा तो अधिकार है लहरों पर
समुद्र में बसी जलकन्याओं को लुभाना
उनको प्रफुल्लित करना, हँसाना
और किनारों के पास उन्हें छोड़ आना

ऐसा नहीं है कि मैं भूल सकता हूँ इन्हें
हम दोनों के जीवन में मिलाप है
मैं चक्कर काटकर
पुनः लौट आता हूँ

कई कामाग्नि में झुलसी नदी-कन्याएँ
पैरों से पानी उछालती हैं
ज्वार-भाटा में किनारे पर
अँगड़ाई लिए लेटी होती हैं
वायु पुरुष किसी को निराश नहीं करते, उदास नहीं करते
जीवन को पुलकित करते
प्रत्येक वस्तु को उसकी सुन्दरता का आभास सौंपते

वहाँ देखिए वायु देवता
पेड़, फल, नदी की कुछ वादियों तक
सबसे रास करते हुए आनन्द मग्न चले जाते

अचानक जीवन में कभी कहीं
कोई अपूर्व सुन्दरी सुबह की कोमल किरणों से नहाई हुई
मुझे स्पर्श करती है, रोकती है
पर मैं रुक कब सकता हूँ
मेरा तो धर्म है हमेशा चलते रहने का

वे अंगवस्त्रों को पकड़कर अपनी ओर खींचती हैं
मेरा भी मन करता है छुऊँ इस सौभाग्य को
उन श्री फलों को
जिन्हें मैंने पहले नहीं देखा है

कहता हूँ देवि! आप तो अप्सरा हैं
सौन्दर्य से परिपूर्ण
आपका प्रत्येक वाक्य पुकारता है मुझे
रिझाता है मेरे अंग-प्रत्यंग को
आप मेरी परीक्षा लेने को क्यों तुली हैं

रात-दिन जिसके अपने न हों
वह हूँ मैं
पर मैं मधुमास देकर
आपको अपना सौभाग्य बना लूँ

सोच में पड़ जाते हैं वायु
कहते हैं यदि हो सके देवि! आपको न जाने दूँ
जीवन परिपूर्ण होना—
मेरी भी तो चाहत है

मैं पुरुष हूँ
काम से आतुर
आपके आकर्षण को समेटना जरूर चाहूँगा
आज्ञा दीजिए अब
मैं जाकर तुरन्त आऊँगा
तब तक आप मेरी बाट जोहती रहें
और जब मैं आऊँ
अपने सौन्दर्य-कलशों को

मेरे आतुर नयनों के लिए
प्रस्तुत करें
मद-मस्त हस्ति की तरह उठाकर
दीर्घ अलिंगन-चुम्बन से
आपको विवश करूँगा

मुझे तब आप अपने अमृत पान से कृतार्थ करें
बार-बार हजार बार मुझे करें विस्मित सौन्दर्य से अपने
मैं तो यूँ भी कब का आपकी कल्पना में मदहोश था
पर देवि आप जो मेरा साथ माँगती हैं
ये सम्भव नहीं, मैं दे नहीं पाऊँगा
मैं सिर्फ आते जाते देह-सुख की तृप्ति दूँगा व लूँगा।

तीसरा सर्ग

सूर्य और सारे ग्रह–नक्षत्र[1]
सारा अन्तरिक्ष पिरोया हुआ है एक सूत्र में
जैसे धागे में गुँथी कोई दैवीय माला
और वह सूत्र है
वायु

कौन देख सकता है उसे—
हैं वायुदेव अरूप
धर सकते हैं मनमाने रूप
कितना भावुक है वायु का स्पर्श
धीरे चलो वायु, धीरे–धीरे चलो

वायु को दोष कैसे दें
वह तो स्वभाव से बहुरूपिया है
कैसे रुकेगा, कौन रोकेगा?
जन्म से सिद्धहस्त रूप बदलने में
गुण बदलने में रूप के अनुसार
नये–नये नाम अपनाने में
गुणों के अनुरूप

---

1. सतपथ ब्राह्मण 8.7.3.10

आर्ष ग्रन्थों ने किया सम्मान
पवन देवता को दिए उनचास नाम—
अग्निसखा, आषुग, अहिकान्त
आँधी, तूफान, प्रभंजन
बयार, गन्धवाह, समीर आदि

वहीं लोक ने भी दिखाई कृतज्ञता
देख उनके तरह तरह के काम
वायु पुरुष को दिए अनगिनत नाम

सूर्य की प्रथम किरण के स्वागत में तत्पर रहने वाला
वेग में सबसे मन्द परन्तु मन को गुदगुदाने में सबसे उदग्र
सुबह-सुबह की मन्द समीरण भोरहरिया
जिसके प्यार भरे स्वागत से हर्षाई
एक के बाद एक उतरने लगती हैं शर्माई किरणें
उतरती है जैसे-जैसे किरणें
होता जाता मन वैसे-वैसे प्रफुल्लित
बढ़ता जाता वेग वायु का
मन्द समीरण से जरा तीव्र हुआ वेग तो, बतास
और हवा उठी तो, बयार

जेठ बैसाख के दिन हुए तब तो क्या कहना
वायु के प्यार में उमगती हैं किरणें
होने लगते हैं उनके गाल लाल
बढ़ने लगता है शरीर का ताप
सूर्य भी देते हैं उनका साथ

अपनी प्यारी किरणों से मिलन की व्यग्रता
करती है वायु को भी उत्तेजित

गर्म हो जाती हैं उनकी भी साँसें
दोपहर होते न होते चलने लगती है लू
तीव्र होती जाती है गति
तीव्र और तीव्र
लू के झोंके और फिर झरकाने वाली लू
बढ़ती जाती है तपन वायु पुरुष के उसाँस की
जिन्हें लोग तपा या लूक का देते हैं नाम

कामाग्नि दग्ध किसी नायिका सी
तपती हैं प्यासी किरणें जेठ में
करने को बराबरी
वायु लाते हैं तप्त आँधियाँ रेत भरी
कहते हैं लोग जिन्हें भभूका

होता है जब समाप्त
ताप–तपन का उत्तेजक खेल
और मन सबका शान्त
तब सन्ध्या में
शीत वायु सिरवाई बन लौटते हैं वायु पुरुष

बरसात
बूँदों की झड़ी लगाती
शृंगार रस बरसाती
रुनझुन पायल बजाती आती है
मिलने अपने प्रेमी छैल छबीले को
उन्हें गोद में भरने
तेजी से दौड़ पड़ते हैं वायु
सावन भादों में हमने दिए हैं उन्हें अनेक नाम

बरसाती हवा और तेज झकोरों वाली झपटी

फागुन का महीना तो होता ही है
मौज मस्ती का, पिया मिलन का
प्रेमरस के अनेक रंगों में सराबोर हो जाने का
ऐसे में भला रँग-रसिया वायु
कहाँ रहने वाले पीछे किसी से
तन-मन में पुलक भरते
एक अनजानी सी
प्यारी-सी सिहरन पैदा करते फगुनाहट बन
इधर-उधर डोलते फिरते हैं वायु फागुन-चैत में
जब जिधर से आ जाएँ उनकी मर्जी
पुरवैया पूरब से आने वाली हवा
भादो में घग्घा लगाने वाली पुरवैया लहकारती है
और शुरू कुआर में पुरवैया, झब्बरा बन हहकारती है
जिसके आने से घर आँगन ही नहीं
भींग भींग जाता है अन्तर्मन

पश्चिम से वायु देवता का आगमन
दुखी करने वाला पछुआ या पछइयाँ है
पतसोखा बन इसका प्रकोप गाँठ की गाँठ सुखा देता है
पानी से भरे खेत अगहनी के हो जाते हैं फरेरे या अफार
पकी न हो फसल पूरी और पछुआ बन पधार जाएँ श्रीमान
तो फिर 'झोला' छोड़ क्या हो उनका नाम

जाड़े में पछुआ जब धीरे-धीरे रमकती है
तो होती है अच्छी वर्षा

दक्खिन दिशा से पधारने वाले वायु पुरुष

दखिन या दखिनैया
और उत्तर से आने वाले उत्तरा या उतरैया
दक्खिन-पश्चिम कोने से
तेज-तेज चलने वाले वायु पुरुष
दक्खिन-पछाही या नरेती कहे जाते हैं
जो लपट लिए गर्मी में चलते हैं झकझोरते

दक्खिन-पूर्व के आग्नेय कोण से इनका आगमन
साक्षात् यमराज का आगमन है
सूखा लाने के कारण
जयरामजी नहीं
कहते हैं लोग इन्हें जमराजी

ताल या नदी से आगमन हो तो वीचिवात
और बर्फीली गिरि-शृंखलाओं से वात का आगमन हो तो हिमवात
यदि सागर को छूते पधारें तो समुन्दरी-वात
जैसा होता जहाँ, वहाँ से लाते हैं सौगात वही
ताप शीत की हवा बहाते
वायु पुरुष करते बातें खरी खरी
फूलों की घाटी से गुजरने पर बन जाते हैं परिमल-वाही
सबको बगराते बिखेरते
नई-नई गन्ध-स्पर्श बटोरते, बाँटते, लुटाते चलते हैं

देखते ही बनती हैं
वायु पुरुष के चाल की विविध अदाएँ
कभी डोलते, कभी सरसाते
बाँसों के झुरमुट से मरमराते, गुजरते बंशी बजाते

कभी उठते-गिरते तो चलना कभी सनसनाते
कभी थमकते और फिर एकदम से फुफकारते,
हू-हू कर हहकारते
कभी सुखाते तो कभी भिगोते
और कभी सिहराते, कँपाते, हाड़ तक हिलाते
दाँत बजा देते, चुभते, चीरते, सुखाते-झुलसाते
कभी धूल से पाटते,
कभी बदली घेर लाते
तो कभी बदली छितराते सरे-आसमाँ

है कितनी अलग-अलग तासीर
वायु पुरुष के छुअन की
पुरुवा गाँठ के दर्द को जगा दे
पछुआ ऊपर से प्रखर परन्तु भीतर से शीतल
जेठ का बौराया स्पर्श ढहाते-झारते हुए
तो सावन भादो में उनकी तीव्रता
वनस्पतियों को थपेड़ते, लचकाते, उठाते, झहराते, झकझोरते हुए

वायु देवता भी तो हैं
सदा प्रसन्नता बिखेरने वाले
दिलों में हिलोर जगाने वाले
प्राण फूँकते चलने वाले
वरदान ही वरदान देने वाले

जितने दयालु
हैं उतने ही स्वाभिमानी
सह नहीं सकते अपना अपमान

कर नहीं सकता भंग अनुशासन
नहीं तोड़ सकता शाश्वत नियमों को प्रकृति के
चाहे हो कोई व्यक्ति, समाज या सभ्यता
उनकी पवित्रता का, उनकी धवलता का
कर नहीं सकता असम्मान

करते हैं वायु पुरुष
देर-सवेर न्याय अवश्य
देते दण्ड कठोर
जब भी आता है उन्हें क्रोध
यद्यपि आता है कभी-कभी
लेकिन जब आता है तो फिर आता है
बिना कुछ संहार किए, बिना कुछ विप्लव मचाए
सम्भव नहीं जाना उनका

वायु देवता आते हैं तब न्यायाधीश बन
भूतरा, भभूका, आँधी, धुमरी, चकरी, चक्रवात
हाहाकार करती हवा हो उठती है पागल
उखाड़ फेंकती है बड़े-बड़े पेड़
महल, अटारी, अट्टालिकाएँ टूट-टूट बिखरने लगती हैं
आसमान छूने लगती हैं सागर की लहरें
ताल-तलैया, झील, नदी
सब अपने-अपने किनारे तोड़
दौड़ पड़ते हैं उफनाते हुए
सारी धरती को बाढ़ में डुबोने
समस्त प्राणि जगत् को बहाकर ले जाने के लिए बेचैन

पर्वत हिल उठते हैं
चट्टानें हिम शिखरों से

टूट–टूटकर गिरने लगती हैं
तूफान पसरता चला जाता है
पहाड़ियों पर, घाटियों में
सब कुछ मिटाता, पैरों तले रौंदता हुआ

वायु के इस प्रलयंकर तांडव पर चलता नहीं वश किसी का

वायु घेर लाते हैं काले बादलों को
पानी से लबालब भरे बादल
असमर्थ बोझ ढो पाने में
अपने ही जल का

वे बरसते नहीं
फटते हैं
प्रचंड वेग से गिरता है धरती पर उनका सारा जल
पलक झपकते हो जाते हैं गायब
गाँव के गाँव
शहर के शहर, पर्वत शिखर

कीड़े–मकोड़ों की तरह होते हैं नष्ट
सृष्टि की सर्वोत्तम रचना होने का घमंड पालने वाले मनुष्य
त्राहि–त्राहि कर उठते हैं
परन्तु कोई नहीं होता उनकी चीख–पुकार सुनने वाला

शान्त नहीं होता सहज में ही
क्रोध वायु देवता का
अपनी बलि लेकर, तबाही मचाकर

प्रलय का आभास जगाकर ही
धीरे–धीरे शान्त होते हैं वायुदेव
मूढ़ता की सीमा पार कर गयी सभ्यता
फिर भी नहीं तैयार कुछ भी समझने को
सुधरने को
सँभलने को
अपनी करनी से बाज आने को।

चौथा सर्ग

मैं वहाँ रहता हूँ, जहाँ परम्पराओं की काई
और अर्जित ज्ञान के भंडारों को
प्रलयंकर बाढ़ें बहा ले जाती हैं

उनके संग जाता हूँ वहीं निकालने मिलन–गीत
जहाँ सदी का महानतम ज्ञान डूब रहा होता है

जहाँ करती हैं विचरण अप्सराएँ
या उनसी ही हिम देवियाँ
और वन देवियाँ
आभा जिनकी
मात करती है सूर्य की चपल किरणों को
करती प्रतिस्पर्धा चाँदनी से

यही सब तो विचरते हैं मनुष्य के सपनों में
उन्हें पागल बनाते हैं
और वे खोज में निकल जाते हैं
उन अप्सराओं के

अरे देखो, वो राजहंस आ रहे हैं
सफेद पंखों को फड़फड़ाते हुए
रात के मौन को जगाते हुए
परिणय के निमन्त्रण पत्र चोंच में दबाए
अनेक सत्यों का आभास कराते हुए
वे आ रहे हैं
राग से
उत्पन्न वातावरण की दिव्यता
मुझमें छुपे अनेक प्रेम–स्त्रोतों को
कर रही है प्रेरित फूट पड़ने को
निर्झरों के रूप में
शोलों के रूप में
प्रपातों के रूप में

और इन सबके साथ
फूट पड़ती है मेरी कविता
मुझमें एक आवाज बनकर
उछलती कूदती, छलाँग मारती, बहती चलती चली जाती है
पहाड़ों से पहाड़ों तक, वादियों से वादियों तक
बसावटों से बसावटों तक

मेरे अक्षरों में एक तूफान है
ताजा तोड़ी गयी जमीन की गन्ध है
मेरी पलकों पर अप्सराओं के पदचिह्न हैं
शाश्वत सुगन्ध के गीत गाता हूँ इस धरती पर

मैं कवि हूँ
खोलता हूँ मैं पन्ने कहानियों के

उनकी भव्यता के
रेशम, किमखाब, अतलस के सपने
जोड़ देता हूँ सपनों से अपने
और मेरे सपने बन-ठनकर लाँघ जाते हैं कल्प-दर-कल्प

धरती एक लम्बी लकीर है मेरी पुस्तक में
मगर भागती है एक महासागर से दूसरे महासागर तक
एक ध्रुव से दूसरे ध्रुव तक
और उड़ती है धर्मग्रन्थों से भी परे
अनजाने लोकों तक
खोलती हुई सुदूर भविष्य के वे स्वर्णिम अध्याय

उगते सूर्य को अर्घ्य अर्पित करते हैं
जीवन में सुख माँगते हैं
अन्तहीन प्रेम की आशा करते, आशीर्वाद और कृपा माँगते हैं
खेतों की फसल माँगते हैं, परिवार की खुशहाली माँगते हैं,
बच्चों की तरक्की चाहते हैं
मनुष्यों के सपने इतने ही होते हैं

वही तो है सर्वश्रेष्ठ उल्लास
जो पकड़ता है देशों की राजधानियों से गुजरते वायुदूत को
वे शुभ फल देने वाले प्रिय सखा,
वे वनमाली मेरे, कहते हैं हम से
मेरे लिए क्या दूर है छोर कोई... ?

एक पारलौकिक स्त्री, सीमा पार बैठी कोई सुन्दरी
आँचल उसका उड़ता हुआ
कृष्णा-कावेरी, गंगा-गोदावरी में लहराते हुए निकल जाता दूर तक

वायु पुरुष उस अपूर्व सुन्दरी के तन को
अपने उत्तरीय से ढाँप कर
कदम्ब के जंगलों में
ले जाते हैं वस्त्रों से सुसज्जित करने

वायुदेव कहते हैं
हे महाकवि जब तक वस्त्र सुखाऊँ मैं उनके
तब तक आप सेवा में बने रहना
बिल्कुल निःसंकोच
न जाने किस दुख की मारी हैं

अवश्य मैं आज्ञा का पालन करूँगा
वायुदेव आप चिन्तित न हों

प्रतीक्षा के एकान्त में
लहलहा उठती है महाकवि की कल्पना
करने लगती है चित्रित उनकी लेखनी
अद्‌भुत अनुपम दृश्य अनेक
महाकवि जयदेव के मानस पटल पर

युगों में होता है ऐसा मिलन
केलि–कला अभिलाषी प्रेमी युगल का
काम–कला, रति–प्रदर्शन
थोड़ी–थोड़ी खिसकती जाती है प्रकृति की बैंगनी पोशाक
जैसे रूपगर्विता कोई अभिमानिनी अपने वस्त्र त्याग कर
देती है निःसंकोच अनुमति
ऋतुओं को समीप आकर बदलने की
रति शृंगार अपना
आगामी युगों–युगों तक
द्वापर से कलयुग तक

वे आदर से सिर नवाते हैं
गुजरते हैं जब वट–वृक्षों से
स्पर्श करते हुए उनका
करते हैं शक्ति का दर्शन

वे प्रेम से छूते हैं
कदम्ब के वृक्षों को ऊपर से नीचे तक
उनमें स्फूर्ति आती है
वायु कदम्ब के बीज अपने साथ लेकर
जहाँ–जहाँ बिखेरते हैं
धरती प्रसन्न होकर वहाँ–वहाँ
कदम्ब के छायादार वृक्षों की पंक्तियाँ खड़ी कर देती है
दूर जाने वाले परदेशियों को यात्रा में
कुछ देर के लिए आनन्द लेने का सुख मिलता है

उधर पक्षियों की टोली
पृथ्वी के कल्याण का वर माँगती
विश्वशान्ति की कामना करती
देवराग में लीन
निकलती है दाना चुगने

प्रभात की किरणें
घरों में, बिस्तरों में
प्रवेश करती हैं हलके से
श्रम से थके हारे मनुष्य विश्रामित हों
प्रेमी युगल प्रेम रस से तृप्त हों
भक्तिरस का अमृतपान करके साधुजन
ऊर्जा स्फूर्ति को संग ले जागते हैं
जल की स्निग्धता से जुड़ती

शरीर से आत्मा तक करती तृप्त
ये लहरें ही इनका आदर्श
वायु देव ही उनका प्रेम

वन्दना ही वन्दना
सर्जना ही सर्जना
गान मंगल अभियान मंगल

सर्वे भवन्तु सुखिनः
सर्वे भद्राणि पश्यन्तु
मा कश्चित दु:ख भाग् भवेत

जब कभी टूटता है यह प्रेम कारण–अकारण
होता है प्रदूषित प्रेम, ईर्ष्या या द्वेष से
दर्द की रागिनी बन
प्रेम के गीत छाने लगते हैं
महत् शक्तियों के रूप धर
समस्त दिशाओं में
अन्तरिक्ष की असम्भव ऊँचाइयों पर
अपमान और असहमति की प्रतिध्वनियाँ
शामिल अन्धकारों के चपल चरणों में
प्रकृति के गीतों पर

महान ज्ञानों और ध्वनियों के प्रभावक्षेत्र में
कहीं फैलती जाती हैं फुसफुसाहटें अन्धकार की
उड़ती हुई प्रबल पवन के डैनों पर सवार
जहाँ फलफूल रही होती हैं
भूलों और आश्चर्यों की नयी फसल

चपलता और उमंगों से प्रेरित
शृंगारित कामुकता
रहती है उपस्थित जंगलों के प्रवेश द्वारों पर

जाने कौन सी राजाज्ञा द्वारा निष्कासित
आविष्कारों से प्रभावित
उठते हैं काले ऊन जैसे तूफान
क्षितिज के पास झुक आए मोहक आसमानों में
और आत्माओं के पार वृक्षों की फुनगियों पर

इन्होंने ही आजाद किया था
झरनों को देवताओं की कैद से
और भूमि को उनकी पकड़ से

दौड़ते हैं छिड़कते हुए
नयी इच्छाओं के, नए स्वप्नों के उर्वरक
खूब-खूब उपजाते हैं नयी फसलें
अरमानों और उमंगों की
इन्हीं वेगवान तूफानों ने रखा
मूर्तियों को मन्दिरों में
पगोड़ों को जंगलों में

सहन किया
लावा उगलते ज्वालामुखियों के क्रोध को
तड़पती लपटों के ताप को

इन्हीं तूफानों के कारवाँ पहुँचे सर्वप्रथम
रहती हैं जहाँ अजन्मी आत्माएँ

और निष्काम प्रार्थनाएँ
महाकाल के चरणचिह्नों का करते अनुसरण
पीछा करते दिव्य कविताओं की लय का
उन्होंने अपनाया चिड़ियों की चहचहाहट
तितलियों के गीत, मधुमक्खियों की गुनगुनाहट
रेगिस्तानों में टहलते भुनगों की भुनभुनाहट
विकसित किया समुद्री हवाओं से गले मिलने का कौशल
कोमलता को सृजित करने की कला
और हासिल किया स्त्रीत्व की महानताओं को।

पाँचवाँ सर्ग

एक ज्वाला उमगती है
सूर्य के दिव्य-प्रकाश के प्रगट होने से पहले
तिरोहित होती है
अन्धकार को चीरते हुए
शब्द बनकर कहती है
मैं हूँ सृष्टि, मैं हूँ प्यार
मै हूँ ज्ञान, मैं हूँ त्याग
अभिमान मैं हूँ

घूमते-घूमते एक दिन
तेज धूप से संतप्त वायु
विश्राम हेतु क्षण भर बैठता है
छतनार सप्तपर्णी वृक्ष की डालियों पर

उसके बैठते न बैठते
प्रगट होती है एक वन-सुन्दरी और
अपने ढीले वस्त्रों में उसे भींच लेती है

वायु के अंग-वस्त्र उतारने लगती है
प्रेम-क्रीड़ा आरम्भ होती है

यही अवसर तो मधुर होते हैं
उनका दीर्घ कम्पन जीवन भर साँसों में बजता रहता है...
घने अरण्य से वायु काँपते-उलझते गुजरता है
उसके पैर अचानक एक सूखे तने पर पड़ते हैं
कच्ची हवाओं की गन्ध और वायु में अग्नि का आभास
होने लगता है अरण्यों में
जब वह पहुँच जाता है उस अन्तिम छोर पर
जहाँ टूट रही होती हैं समय की मर्यादाएँ

उसे महसूस होता है तने में आग है
आग उसमें भी है
जब वह बादलों में चमकता और बिजली बन गिरता है

इस अप्रत्यक्ष पुरुष से
जितनी भी देवियों का मिलन होता है
क्या वे भी खाक हो जाती हैं?

नहीं
ऊर्जा भी तो आग है
और देवियों को प्रसन्न करने के सिवा और क्या है?
ये सुखद अवसर विश्व के प्रथम अंकुरित बीजों के हैं
सृष्टि के आरम्भ में अंकुरित हुए थे जो
कल्पों से मनाते आए बीज ये रंगरलियाँ
यह आदान-प्रदान न थमा है न थमेगा

ये मुक्त जीव जिसे न कोई बाँध सका है न बाँधेगा

प्रत्येक सूर्योदय और सूर्यास्त में

गुंजायमान होता है एक नाद
अपनी ध्वनि से ज्यादा अपनी सुरभि में
मचल-मचल जाता है

धीरे चलो वायु धीरे चलो
हवा धीरे बहो
बहो धीरे-धीरे

मेरी आँखें क्यों पीछा कर रही हैं उन लम्बे-लम्बे बालों का
उसकी मुस्कान ने मुझे मोह लिया
एक कविता है उसकी मुस्कान और हर मुस्कान में
मैं उसी को देखता रहा
वह आती जाती रही

इतनी रहस्यमय क्यों है वह
और उसके नयनों में दूर के पर्वत
चित्रवत झलकते हैं
जैसे किसी चित्रकार की रचना हो
और उसके चेहरे पर ऐसे विलक्षण हावभाव उसी ने जोड़े हों

शायद यह हावभाव उसके अपने नहीं थे
सम्भव है चित्रकार ने किसी और प्रेमिका के चेहरे पर
ऐसी विलक्षण अभिव्यक्ति देखी हो कभी
जो उसके मनोमस्तिष्क पर छाई इस कदर कि
वह उससे मुक्त न हो पाया जीवन भर
और अपनी प्रत्येक परिकल्पना को उतारते समय कैनवास पर
अनायास अभिव्यक्ति की वही विलक्षणता
झलक उठती

ये तस्वीर सपनों में उभर-उभर
पुनः पुनः लौटती थी
उसमें जो अव्यक्त था
वही एक पुरानी याद की तरह
होने लगा व्यक्त
हर पल, हर सुबह, हर दिन
नयी-नयी मुस्कान लिए
सूर्योदय में झलकती
क्या कभी उतरती थी ये मुस्कान

मैं तुम्हें जानता हूँ
प्रेम के उतार-चढ़ाव के बीच से गुजरती
किसी छोटी नदी के तल की तरह
हाँ, एक नया सूर्योदय कल पन्ने की हरीतिमा लिये
यदि कहीं वनस्पतियों को देखता है तो
वहाँ मुझे न ढूँढना

समुद्र अपनी तरंग पे लचकता है
नदी अपनी ताल पर
झील राग की परत
आबसार
खुशियों का इजहार करता
झरनों, पहाड़ियों से लिपट लिपटकर
सागर एवं नदियाँ
मिलन में कितने आनन्दित
किनारे जानते हैं या फिर वायु
हर आनन्द के करीब रहते हैं
मछलियों के साथ वे भी डुबकी लगाते हैं

प्राण–वायु जल में है
जल सम्भव नहीं बिना प्राण–वायु के

जल का घर कहाँ है
जल का नेह–गेह कहाँ नहीं है
जल में समस्त धरती है
समस्त धरती में जल भरा पड़ा है
झरने, नदी–नाले, झील, समन्दर सभी तो
मन्दिर हैं जल देवता के ही

जल देवता के चक्रीय विस्तार द्वारा प्रदत्त
दैवीय साँसों का मैं उपयोग करूँगा
अपनी कविता के लिए
और ईश्वरीय वरदान की तरह
इन्हें अलग नहीं होने दूँगा

पूछती हैं वे स्त्रियाँ सागर समन्दर की
नदी झील की परियाँ
अलग–अलग वनों की वन देवियाँ
पहाड़ों की चोटियाँ—
कभी याद हमारी आई तो होगी?

पृथ्वी गा रही है, लहर गा रही है
उनके संग सारा विश्व गा रहा है
सारी बहारें गा रही हैं
आते अश्रुओं के ये प्रेम गीत क्या हैं?

यह मिलन की बेला है

धड़कते दिलों की आकांक्षा
रहो मेरे साथ, कुछ पल ही सही

जाते समय धड़कते दिल को छोड़ जाना

लगता है डर
बहारों में कोई पतझड़
हमराह न हो जाए

प्रीत उम्र भर का यथार्थ

वायु
देव–ऋषि, दृष्टा...
प्रेम की गति में भी कितनी बाधाएँ हैं

वायु पुरुष जलतरंग के सुरों को
आकाश से धरती तक बजा आते हैं
ब्रह्मांड में फैलाते हैं
नक्षत्रों पर धीरे–धीरे पग धरते हैं
बिना थके अहोरात्रि जागते–जगाते हैं

वो आदि पुरुष हैं,
अव्यक्त रूप से व्यक्त पुरुष हैं

हुआ सृष्टि के समय उनका जन्म
समस्त ब्रह्मांड के लिए
उन्हें बिना प्रगट हुए मनुष्य रूपों में
मिला आशीर्वाद एक अप्रत्यक्ष देवता का

रूप अतिसुन्दर
उचारते आए हैं उनके रूप को मन्त्रों की तरह

हाँ, हममें से किसने वायु को देखा है
उनको बागों से गुजरते सुना है
वृक्षों को टहनियों पर बजते सुना है
जो
कहता है
तुम्हारा सखा हूँ

पर वायु पुरुष को
पुरुष रूप में देखा है किसने
सोचो... सोचो जरा

हाय, हवा हरजाई ने
धरा है वह चंचल रूप
सुख बिखेरती सबके लिए
न कोई भेद भाव न ऊँच-नीच, बड़ा या छोटा

कौन है वायु

ब्रह्मांड में हुआ संपन्न जब उत्सव प्रसंग
जब दिवस में रात्रि का आभास हुआ
उस समय सृष्टि काल के आने पर
प्रकृति की वीणा बजाते निकला वायु

गीत ही परम ब्रह्म है
ऋत् शृंगार ही सत्य है

वह महामन्त्र है, यन्त्र है
उसी से बुद्धि, अग्नि, जल
गंध और पृथ्वी और इसके अलावा
रस-स्वादन से उत्पन्न हुई अलौकिक सृष्टि
उसका अपूर्व-नाद संगीत
वही प्रिय देवता, ओ वायु, ओ हवा तन-मन में बहते रहो
कल्पों की हवा हम तक लाते रहो

हम तुम्हें देख नहीं पाते सिवाय तूफानों में
जब बिजली गरजती है
जल की लहरों में
तुम्हारे पुरुषार्थ ने ही
जन्म दिया जीवन को

हम यहाँ रस-राग, गन्ध को
तुम्हारा ही आशीर्वाद मानते हैं
तुम न होते तो जीवन न होता
प्रेम की झलक भी नहीं देखते
प्रेम को साकार होते न पाते
प्रेम की सन्तति न होती

तुम न होते तो क्या होता
प्रेम—होता न होता
कभी तुम आते न आते
किसी का इन्तजार होता न होता
तमन्नाएँ अश्क बनतीं
आनन्द बनतीं
मगर तुम आते
इन्तजार होता मुसलसल

या कभी आँधी के पहले आते और रुक जाते
रात बिताते आलिंगन में सिमट जाते
हजारों सालों के लिए हम सो जाते
और बूँद-बूँद सुख का अमृत पीते जाते

हर आँधी के पहले आ जाना
वह आलिंगन में कहती हैं
मुझे नींद दे जाना
अपना सुलगता दिल ले जाना
आना, आना अवश्य

सुबह भी तो दिन का इशारा है
जीवन का एक उजाला है
हमारा तुम्हारा भविष्य ही तो है
सूर्य किरणों से धुलकर हमारी चाल में नृत्य का आभास है
आलिंगन तो सदियों का उपहार है

ब्रह्ममुहूर्त के आकाश की लहरों में
एक सुनहरी किरण फूटती है
जो एक रेखा है
कलम बनती है दवात बनती है
और जीवन के कोरे कागज पर
करती है अंकित समय के भविष्य को
वह दूर-दूर तक मधु छिड़कती है
और प्रेम दुनिया में लहराता है मन में जागता है
समय की रेत पर छोड़ जाता है अपने पदचिह्न
जो मिटकर भी कभी नहीं मिटते

विचरती हैं गाएँ हरी दूब पर
पेड़ और पौधे खिल उठते हैं
चहुँ ओर उड़ते हैं परिन्दे
ऊर्द्धगामी उनके पंख हवा में तरंगें उठाते हैं
बकरियाँ अपने पैरों में बँधे घुँघरुओं से
करती हैं उत्पन्न नृत्यमय संगीत
उत्साह में उछलती हैं नदियों में मछलियाँ
पानी की सतह के ऊपर
एक गहरी डुबकी लगाती हैं
विशाल हरीतिमा में सागर की बेटियाँ

मैं लहरों में रहती हूँ
वायु ही कर सकते हैं मुझे झंकृत
भर सकते हैं मेरे रोम-रोम में
आनन्द की आकांक्षा
रस में सराबोर हो जाने की इच्छा

अरे, ये मुझे कौन उबार रहा है
मेरे पानी के वस्त्र उतार
हर पल मेरे बदन के तोड़ रहा है कुसुम
सुबुक-सुबुक धड़कते भाव-विभोर हृदय को
परिणय सुख देने के लिए उत्साही प्रेमी आएँ
अंग-अंग में उत्तेजना जगाने के लिए आएँ
लहरों के उरोजों को सहलाने के लिए आएँ

देवि जलपरी! जाकर भी तो मैं लौट आऊँगा
जैसे आकर भी मैं लौट जाता हूँ
मेरा जीवन ही है चलना

मैं रुक कब पाऊँगा
सुख उतना ही दूँगा पल दो पल में
जितना तुम्हारी स्मृति में है
छोड़ जाऊँगा अपने को तुम्हारे वक्षस्थल में
जब चाहे छू लेना मुझे पाने को

मैंने उससे जब ये सब कहा तो वह हँसने लगी
जहाँ भी गया देखता रहा उसी की मुस्कान
खेलती हुई हजारों वर्षों से
जहाँ भी नजर पड़ती
उमंगों के द्वार खुलते
हजारों साल, हजारों साल...
वही तो सपनों की राहों पर चलते रहे,
कभी पीछे कभी सामने, कभी अदृश्य कभी चुपचाप

एक भूली हुई याद की तरह
उभर-उभर के आती है
मैं यकीन समझकर समेट लेता हूँ बाँहों में
परन्तु वह तो उस हुस्न की मुस्कान है
जो सवेरों और चाँदनी रातों में
चिटक रहती है आसमानों में

धरती की परतों पर हल्का गीत गाते हैं
चंदन की संध्या में अपना गीत घोलते हैं वायु
यहाँ से जो जाता है वो चंद्रमा की तरफ निकलता है

इस तरफ अमावस्या है उस तरफ पूर्णिमा
और यहीं से वायु पुरुष भी गुजरते हैं

चन्द्रमा प्रवेश द्वार है
कभी भी उसमें से कोई आ जा सकता है
और कभी वर्षा बनकर बिखर जा सकता है

विज्ञान से होना था चमत्कार
निर्माण कुँवारी धरती के मातृत्व का
जिसकी गोद में पलना और बढ़ना था
सृष्टि की निरन्तरता को
जन्म और मृत्यु की श्रृंखला को

लेकिन हाय, ले आए देवता ही
सारे चमत्कार
विनाश के चरम बिन्दु पर
अन्धकार की चटकीली आभा
भोर की निर्मलता और पवित्रता के साथ
हुई परिवर्तित चमत्कारी पंख फैलाए उड़ती परियों में
जन्म लेने के सारे स्वंप्नों की विस्मृति के वादों ने
फैलाया था वह इन्द्रजाल
स्पष्ट था जो दिखता
सारी हरीतिमा
और समस्त पर्णांग–पत्रों पर रचित
भविष्य के पटल पर रखे पवित्र ग्रन्थों में

सुनो सुनो, पवन के भीतर
उमड़ते उन स्वप्नों की आधिकारिक फटकार
रह रहकर जो बरसती है
अपने किये की जिम्मेदारी से बचते देवताओं पर
उनके आसपास फैले शून्य को चीरती

आह, अभी भी मजबूर है मनुष्य
इसी शून्य से जन्म लेने को
कभी मछली बनकर, कभी पंछी बनकर
कभी सिंह बनकर, कभी गरुड़ बनकर

चन्द्रमा पूछते हैं, तुम कौन हो
वायु कहते हैं—मैं वह हूँ
जो मनुष्य से पहले आया था
और फिर हुए मेरे कई पुनर्जन्म
मैं हवा हूँ और उससे अधिक भी बहुत कुछ हूँ

मेरी करधनी को चूमकर तुम छोड़ जाते हो
वहीं रातों में दर्द-सा उठता है
आकर मुझे थाम लो
ये प्रसंग डुबो देने वाला है
देर न करो आओ
मेरी पुकार पर तुरन्त आओ
सीमाओं की मर्यादा टूटने से पहले
मैं पुकारूँ तो किसे पुकारूँ
कोई मेरा न होगा
आओ कि जाने के लिए आओ
संभावनाएँ पूरने के लिए आओ

पर जाने से पहले एक लहर-शिशु
तो मुझे देते जाओ।

छठा सर्ग

मुस्कुराते
हँसते हुए पहाड़
जिनकी वादियों में इस धरती के सुंदर वृक्ष
हवा को अपने पत्ते उधार देते हैं,
और निर्वस्त्र कर दिए जाते हैं पतझड़ों में
वहाँ मैं गवाह होता हूँ

मेरु श्रृंखला पवन के वेग को
अपनी ओर खींच रही है
देवदार और चीड़ बाँहें फैलाकर बुला रहे हैं
अपनी सतरंगी चूनर दिखाकर लुभा रहे हैं

रूप ऐसा मनभावन
जो चाहे उसे अपना–सा बना ले
जैसा चाहे मन में सजा ले
उसने निछावर किया है अपने आपको
उससे संबंध टूट ही नहीं सकता
अलग से कहीं जिया नहीं जा सकता
वह दामाद है बेटा है, भाई है
जिस रिश्ते में चाहो ढाल लो

अपरिचित जो इससे हैं
उनको भी यह अपनाता है

यह अग्नि में उपस्थित रहता है
हर विवाह में, हर यज्ञ में
भाई बनकर, सखा बनकर
कन्यादान करने वाला पिता बनकर
पाणिग्रहण करने वाला दूल्हा बनकर
दाम्पत्य जीवन का प्रेम बनकर
शिशु का पहला उच्चार बनकर

जीवन के हर प्रसंग में
अनिवार्य है उसकी उपस्थिति
रति प्रसंग में रस एवं गन्ध बनकर

प्रवेश करता है मन्दिरों में, मठों में, बौद्ध विहारों में
रहता है उपस्थित
प्रत्येक पूजा में आरती में, बनारस में
प्रार्थना में, सारनाथ में, साँची में

मनुष्य तुम अपने पास रखना
मेरी यादों को

मेरी यादें...

यादें तुम में भी जन्म लें
मुझमें वे प्रविष्ट होती हैं ठीक वैसे
जैसे पानी में डूबते हुए इंसान के

गले से उठती है चीख

आह, सब कुछ बिखरा अलग-अलग
सब कुछ टूटा-फूटा, विध्वंस ही विध्वंस
वायु पुरुष के कन्धे पर बैठ
समय वेग से भागा जाता
आँधी में उड़ते तिनके समान
मजबूत परों के टुकड़े
शीतलता की चमक लिये झागों से उठते प्रतीकों समान
उड़ते सागर की ओर फड़फड़ाते पत्ते
और सफेद सीगल पक्षी साथ-साथ
फिर भी है फैला अधैर्य चहुँ ओर

ऐसे में एक कवि
सिर उठा देखता सब कुछ
पृथ्वी तक झुक आए आसमान के तन्तु जाल
सागर की उत्ताल लहरों के बीच
आँचल लहराती
बड़े-बड़े पालों वाली नौका में बैठी
उड़ती जाती अप्सरा कोई

तलवार की तरह चमकती
बिजलियों की कौंध में
दिखता सब कुछ साफ-साफ

धरती के स्वर्गों से बरामद
किसी चेहरे की बदनीयती
तूफान धो रहे हैं

बना रहे हैं उसे ताजादम और चमकीला
देखो खड़ा है वह चेहरा
शताब्दी के इस छोर पर
उठ रही है जहाँ से एक पुकार
और एक घिनौना युग रहा है दम तोड़
किसी मरे हुए विश्वास की तरह
बिजलियों की कौंध की गवाही में
उस चेहरे के कदमों में पड़ा-पड़ा

शायद समय आने ही वाला है
बाढ़ों को तोड़ गिराने का
सीमाओं से पत्थरों को हटा फेंकने का
बीजों और ताजा दूर्वा के गट्ठरों को फैला देने का
पृथ्वी की महाविशाल परिधि पर...
ताकि सन्तुष्टि से भर सके हृदय
प्रवर्तक वायु पुरुष का

कोई साया मुझे आगे बढ़ने से रोकता है
आँधियाँ तेज हैं हवा जालिम
और जो दिन हमने साथ गुजारे
वे शायद बन जाएँगे एक दिन बिना नाम के चेहरे
अर्थात केवल चेहरे

किसी की आँखें भर आएँगी
मेरी कविता से
कोई आँखों में भर लेगा मेरी कविता

मैं तो चाहूँगा

बतियाती रहे मेरी कविता मेरे मित्रों के जीवन से
हवा में उड़कर, घुसकर
छोड़ आए कम्पन प्रत्येक बन्द द्वार के पार
धरती में प्रवेश कर फूट पड़े
फव्वारों की तरह ठीक वहीं
जहाँ छाया हो घना अँधेरा, ठोस होता मौन

आह, सब कुछ तितर-बितर, बिखरा-बिखरा
बनेगा कौन इन्हें सहेजने, सँभालने वाला
वायु पुरुष तो सौन्दर्य सुरा पीकर मतवाले
जितना नशा चढ़ा नहीं उससे ज्यादा लड़खड़ाते
जागते सोते चलते जाते

देखते उन ऊँचाइयों को
जिन्हें किया था कभी अपने वेग से त्रस्त
बनाया था उड़ानों के बीच आरामगाह
काल के किसी अस्वीकृत अन्तराल में

पुनः झपकीं पलकें उनकी

सपनों की दुनिया
सपने भी ऐसे हैरत भरे और प्यारे
कि देखने वाला होता रहे पुलकित मोहित
होता रहे चमत्कृत अचंभित
सपने में सपना देखते रहे वायु पुरुष

पलकें खुलीं तो न जाने
बीत चुकी थीं कितनी शताब्दियाँ

लगा चुकी थी पृथ्वी कितने चक्कर
दीखा उदास चाँद उल्टी तरफ टँगा हुआ

उदासी में डूब लगाया गोता
स्मृतियों के झरनों में
और समय के ताल में घुलती गयी उदासी उनकी

स्थगन में ही है निवारण
हर ओर फैली जल्दबाजी कुछ दे भी तो नहीं पाती
सिवा सपने देखने के
और जड़ता की तोहमत
उछलकर सवार हो जाती है गरदन पर

कलंक के बोझ से दुखते कन्धों को झटककर
अप्रत्याशित रूप से आक्रामक वायु पुरुष चल देते हैं
निष्क्रियता में फँसे
पवित्रता की महान शक्तियों के स्वामियों को
जादुई इन्द्रजालों से वापस लाने

वायु और पर्वतशिखर मिलते हैं गले
दोनों मित्र मिलकर प्रसन्न हैं
अपनी-अपनी कहानियाँ एक-दूसरे से बाँट रहे हैं
मित्रों की अन्तरंग बातें होती हैं
अलाव के इर्द-गिर्द बैठ फुरसत के क्षणों में

मित्र पवन देव
कहाँ जा रहे हैं

आपकी प्रेमिकाएँ, मेघ सुन्दरियाँ
व्याकुल हैं आपकी प्रतीक्षा में

चल देते हैं वायु पुरुष मगन मन
गाते, गुनगुनाते, 'घिर-घिर आई बदरी...'
मिलने बरखा रानी से, उनकी सहेली बदरियों से

मौसम और मिजाज की सापेक्षता में
एक सत्य है— 'बारिश'

पहाड़ हो या मैदान
हों पर्वतशिखर या घाटियाँ हों
या फिर समतल
गरमी हो, ठंड हो
या जो भी हो मौसम
जुड़ा है जिससे जीवन
वह सत्य है— 'बारिश'

बरखा रानी के पधारने का अन्दाज
और उनकी दिलफरेब अदाएँ
हैं न्यारी-न्यारी
अलग-अलग जगहों पर

बरसात पहाड़ों की नहीं होती
अलग केवल मैदानी बरसात से
बरसती है वह अलग-अलग तरीके से
अलग-अलग पहाड़ों पर भी

हिमालय पर होती बरसात की अदा और है
आल्प्स पर होने वाली बरसात से
कभी-कभी तो चोटियों या घाटियों के अनुरूप
अथवा सप्तद्वीपों के स्वभाव से प्रभावित
धरती है वह अलग-अलग रूप

चलते समय जो थी बरसात जंबु द्वीप* में
था उसका रंग ही अलग उस बरसात से
जो मिलती है वायु को प्लक्ष द्वीप* अथवा शाल्मलि द्वीप* में
अलग ही नजर आता है वायु पुरुष को
सौन्दर्य बरखा रानी का क्रौंच द्वीप में

देखते हैं वायु पुरुष
बारिश का अलग ही ढंग
उत्तरी ध्रुव और दक्षिणी ध्रुव पर
जहाँ वर्षा नहीं, होती है बर्फबारी
पानी की बूँदें भी
जमकर हो जाती हैं बर्फ
धरती पर पहुँचते-पहुँचते

नहीं बाँटती प्रकृति बरसात
विद्यालयी पोशाक की तरह एक जैसी
बाँटती है वह बरसात को
अलग-अलग वादियों में
ठीक वैसे ही
बाँटती है जैसे कोई सास—साड़ियाँ
अलग-अलग छापों और रंगों वाली

---

* पौराणिक महाद्वीप सूची से उद्धृत

अपनी बहुओं को
करती जाहिर अपना प्यार-दुलार
बहुओं के रूप-गुण अनुसार ज्यादा या कम
पीला, हरा, गुलाबी, लाल-टहक या मद्धम

सचमुच हो सकता है कैसे
एक जैसा ही मिजाज और रंग
सपाट बर्फ पर गिरती बरसात का
घास के मैदानों पर पड़ती बारिश का
और पेड़ों-पत्तों पर गिरती वर्षा की बूँदों का

वर्षा से मिलते ही छेड़ते हैं राग पेड़
सुनते हैं जिसे वायु
होता नहीं वह शोर बूँदों के गिरने का
होता है वह खुशी से झूमते पत्तों का
गाया हुआ गीत

पूरी हो तन्मयता
सही हो माहौल और मिजाज
तो होता है तुरन्त महसूस झमझमाती बरसात में कि
जो राग गा रहे होते हैं देवदारु
होता है वह अलग
उन रागों से
जो छेड़ा होता है अखरोट-वृक्ष की पत्तियों ने
या छिड़ा होता है नाशपाती और सेब के पेड़ों में

इन सभी से अलग
प्लम्ब, रसभरी और चेरी

समारोहपूर्वक गा रहे होते हैं
बहारों का कोई लोकगीत

बरसने जितना ही
दिलकश और दिलफरेब होता है
समेटना दामन बरसात का
हाय! क्या-क्या अदाएँ, कैसी-कैसी भंगिमाएँ
पिया वायु से मिलन कर
हर बदली के वापस जाने की

किसी के गाल लाल तो किसी के होंठ श्यामल
पानी में भींग-भींग
बदले-बदले आते हैं नजर रंग भी
उनकी साड़ियों और लहंगों के
हल्का नीला हो गया होता है सुंदर गहरा जामुनी
सफेद धूमिल श्याम, लाल कत्थई
और आसमानी सलोना प्यारा नीला

शामिल है इन लौटती बदलियों में वह भी
चली आई थी जो ऐन सामने वायु के
जब थे वे आलिंगित
किसी छरहरी बदरी के संग

लौट रही है वही बदली
वह भी बिन बरसे अश्रुपूरित नेत्रों से निहारती
न जाने क्या-क्या, किसे-किसे और कहाँ-कहाँ

जो रह गईं
थोड़ी बरसी और थोड़ी बिन-बरसी
लौटती हैं इठलाती हुई

लौटती हैं बदलियाँ
कुछ बलखाती
कुछ हंसों जैसी चाल से
तो कुछ लौटने की जल्दबाजी में तेज-तेज चलतीं

ये मेघ-सुन्दरियाँ अपने हाव-भाव से
करती हैं समूचे देशकाल को मन्त्रमुग्ध
लौटती हैं छोड़ काम बाण-विद्ध वायु को
अपनी तिरछी चितवन से, नाजभरी चाल से

हो चुका होता है बेचैन मन वायु का
तड़प उठते हैं वे मिलने को बार-बार
बिछुड़ते ही इनसे हर बार

अनमने मन से ही बढ़ते हैं वे आगे
पहुँचते हैं वहाँ
जहाँ कबूतर और मोर नहीं
आते हैं राजहंस
उस राजहंसों की जमात में
मानसरोवर के उस विस्तार में
जहाँ चम्पा-चमेली और गुलाब नहीं
मात्र खिलता है अद्वैत का ब्रह्म-कमल
वह भी प्रत्येक दिन केवल एक

आऽऽऽह् ... मानसरोवर का वह विस्तार।

सातवाँ सर्ग

तुम होंठों पर मिलन का पराग समेटे चूमते चलते हो
फूल-पत्ती, वनों-उपवनों में अपना उत्तरीय लहराते
कोई पीछे, कोई आगे
समय-समय से लगातार
प्रतिदिन कूल-कुंजों की हरित आभा निखारते

मेरे प्रेमी देवता
हैं भी तो सबके लिए अप्रत्यक्ष
मेरे सिवा सबके लिए
मैंने तो उन्हें भोगा है
स्त्री बनकर, पार्ष्णि* बनकर, कुंजर-पुत्री* बनकर
माता बनने से पहले

पार्ष्णि* प्रसन्न थी कि
फिर से बार-बार लौट आ रहे हैं वे
वह यही चाहती थी

संयोग से हमारा मिलन जब भी होता बड़ा मधुर होता

---

* कुंती के विभिन्न नाम

तरह-तरह के फूल
केवड़ा, चम्पा, गुलाब, बेला, जूही, जवाकुसुम
मेरे कक्ष में छोड़ जाते
कभी फल जैसे
अंजीर, आम, अंगूर, फालसा, चकोतरा

एक दिन वह बिल्व-फल ले आए
देव इसे कैसे खाते हैं?

हँसकर कहा, देवि! इसमें स्वर्ण होता है
सोने के भंडार लगा दूँगा
फिर किसी पर निर्भर न होना पड़ेगा

सच?

हाँ... हाथ कंगन को आरसी क्या

सिखाना तो होगा

लेटे-लेटे सुन्दर दिव्य प्रिय को
लंबी उँगलियों से
उनके चमकते बदन में एक स्फूर्ति लाते
मैं उनसे लिपट जाती

बस भी कीजिए

अपने दिव्य रूप से मुझे कृतज्ञ कीजिए

इधर आइए देव यहाँ से

आलिंगन में दोनों सुख उठाते रहे

वायु ने कहा देवि पृथा!
कल हम नदी की रेती पर मिलेंगे
जहाँ बहेगा हम पर से उमड़ता जल
बाँध देगा हमें एक सूत्र में
कभी न भूलेगी वह रात
साक्षी होंगे देवता
निरभ्र खुले आकाश में
चाँद तारों की खुली छत के नीचे

देवि पृथा ने कहा देव
यह तो एक नया ही आनन्द है
हमारे पहले के सभी मिलन के क्षणों से परे
एक अलग ही प्रकार का विलक्षण सुख लिये ये क्षण
क्या आपको ऐसा नहीं लगता?

अगली बार हम मिलेंगे
राजहंसों के देश में
क्या तुम्हें मालूम है, वह है कहाँ?
ब्रह्मपुत्र से भी बहुत ऊपर
जहाँ खिलते हैं ब्रह्म-कमल

शायद वायुदेव को ध्यान आया
कमल खिलता है सदैव सूर्यदेव के उगने पर
तो फिर सूर्यप्रिया के लिए ब्रह्म-कमल क्यों नहीं

कुछ ही दिनों के बाद
वायुदेव सूर्यप्रिया को उड़ाकर ले चले
एक पारलौकिक स्वर्गीय मंजिल की ओर
उसे आश्चर्यविभोर कर
आनन्द के सागर में डुबोने

प्रेम से भरे वे दोनों हृदय
ब्रह्म-कमल की छाँव में
एक-दूसरे से जुड़े लेटे रहे
और ब्रह्म-कमल हँसता रहा
उस प्रेमी युगल पर वर्षा करता रहा
अपने प्रेम-परागों की
प्रेम के अमरत्व के आशीर्वादों की

प्रेम की चाँदनी बदन में घुल रही थी
ब्रह्म-कमल खुशी में सम्मिलित थे
हंसों के जोड़े क्रीड़ा उत्सव मना रहे थे
मोतियों को चोंचों से एक दूसरे को खिला रहे थे

यह अपूर्व सुख यह जादुई रात
जोड़ती चली जा रही है हम दोनों को

ऐसे मधुर क्षण मैंने अवश्य माँगे हैं आपके साथ
कई रातें माँगी हैं मैंने अन्तहीन सुख की
दिल उमड़-उमड़ आता है मुँह को
आप न आते तो क्या होता

देवि कुन्ती, फिर वही सवाल बार-बार
मैं कब जाता हूँ?
यहीं तो आता हूँ

मैं सूर्य से पहले आकाश में चक्कर लगा
आप ही के पास आता हूँ
और द्वार बन्द कर लेता हूँ

आज मैं चाँदनी रात में
आपको पूरी तरह जी लूँ

महाराज वायु और देवि के रोम-रोम में
काम की ज्वाला दहक रही थी
वे हंसों के झुंड में चल रहे थे
दोनों ने एक दूसरे को देखा
वायु ने हाथ बढ़ाया देवी की करधनी पर
देवि ने पुलक भरी भींगी आँखों से वायु की तरफ देखा

देव समझ गये
यहीं कहीं ढूँढना चाहिए बसेरा
इन हंसों के बीच अपनाना चाहिए
एक-दूसरे को
आपके मन में क्या है?

जो आपके मन में है!
हमारी राह देख रही है चाँदनी कब से
आइए, इधर आइए

संग-संग चलते हंस भी चले आते हैं
चपल हाथों से गाँठ खोल देते हैं वायु
मजबूर देवी अपने श्री फलों को छुपा नहीं पातीं
वायु उन्हें अपने यज्ञोपवीतधारी बदन से लिपटा लेते हैं

फिर उत्सव शुरू होता है
उत्सव समागम का
एक दूसरे में मग्न हो जाते हैं

उत्सव अपनी चरम सीमा पर पहुँचता है

जिस हाल में हम हैं उससे ही जानिए
कीजिए भरोसा
मैं कभी बेवफा नहीं था
हमेशा आप ही का था

वे टूटकर उमंगों से चाहने लगी
बाँहों में कसने लगी
वे ब्रह्म-कमल के साथ चाँदनी में नहाने लगे...

हमारा प्रेम हो रहा था अवतरित
किसी रहस्यमय कालरूप में
अब मैं पा सकती थी उसे
जब भी चाहती, जहाँ भी चाहती
जिस भी रूप में चाहती
अब उसके सिवा और कोई नहीं हो सकता था मेरे लिए
अब तो मैं तुम्हें रोक सकती हूँ अपने भीतर
और कर सकती हूँ पूरी
यात्रा रहस्यमय रातों की

स्वर्णमय प्रभात की किरणों के साथ
ब्रह्मपुत्र के बर्फ समान ठंडे पानी से
अभिमंत्रित कर उसे पवित्र करता
वायु ले चला अपने साथ
जल विहार को
कभी उसे छेड़ता
कभी आलिंगित करता
कभी दुलराता तो कभी सहलाता
यह रोमांस आश्चर्यजनक रूप से
कर रहा था संतुष्ट उसे और उसके प्रेमी देवता को

जैसे जन्म–जन्म का प्रेम
देवी की नस–नस में हो रहा था प्रवाहित
कर दिया उन्होंने तन–मन देव पर न्यौछावर

अब बताओ देवि अपने बारे में... ?

नहीं, मैं जान गयी
बस आपके आने का इन्तजार रहेगा

मैं एक छोटा तरंग दिए जा रहा हूँ

वायु निकलते हैं डुबकी लगाने
पानी में अक्स है प्रेमिका का

आप लौटे नहीं... ?

आपको मैंने दिया जो
आप चाहती थीं
उसके बाद कभी मुझे याद नहीं किया

करती तो थी मगर जीवन बदल गया

यादों की लड़ी आँसू बनकर
एक-दूसरे को भिगो गयी
कुछ बोल न पाए
प्रेमिका के आलिंगन में
पिघल गये वायु

कितना सुदीर्घ था यह मिलन, कितना प्रिय, कितना निर्भीक
चाहे आज कोई भी देख ले, उनका मिलन
सुहागरात-सा सुन्दर था वह
अतिसुन्दर

वह प्रेम में मदमाती
मान करूँ, या मान जाऊँ
इस चंचल मुहूर्त में
सारी जुदाई की रातें
भूल जाऊँ, डूब जाऊँ, मस्ती के सागर में पल-पल

लिपट-लिपट के रोये
देवि पार्ष्णि ने सिसकते हुए
आँसू पोंछते हुए कहा
देव आएँ किसी रात

हर रात क्यों नहीं?
किसके संग रहती हैं आप?
अपने कक्ष में अलग
द्वार खुले रखना अवश्य

वायु आवेश में
अपनी प्रेमिका को
अपने पाश में भर लेते हैं—
अभी-अभी स्नान करके निकली थी
वस्त्र विन्यास, शृंगार-पटार अभी होना बाकी था

देवि सूर्यप्रिया सदियाँ बीतीं आपको भुलाते
आते-जाते आपके दर पर दस्तक देता रहा
एक बार तो आपको निर्वस्त्र देखा
गाँठ खोल रही थीं आप
थोड़ा रुका
जब तलक श्रीफल के दर्शन नहीं हुए

आपकी मोहकता विशेष है
जिसे मैंने अपने दिल-दिमाग में भर लिया है
चक्कर काटता हुआ
वक्त की डाल से यादों के फूल तोड़ता
और सदा समेटकर मन में रखता था

देवि के नयन भर आये
पूछा सच?

मेरे पास तो
देव आपकी अनमोल निशानी है
वह मेरा प्रेम, मेरा उत्साह तो नहीं बन सकता
मेरे सपनों में, आपके आलिंगन में
बस अब और न कहिए

देवि मैं वायु पुरुष बन जाऊँगा
पुनः समागम का त्यौहार रचाने के लिए
पुनः दीर्घ सहवास का त्यौहार रचने के लिए मैं अवश्य आऊँगा
अपना द्वार खुला रखना

द्वार तो खुले रहे कक्ष के, हृदय के, नयनों के
उड़ने वाले कब लौटते हैं किसे पता
नहीं जानते वे स्वयं भी

एक अन्तहीन प्रतीक्षा की उदासी
कभी काले बादलों-सी छा जाती
तो कभी गर्भ में पलते शिशु का ध्यान आते ही उड़ जाती

उसकी प्रबल हलचल, उसका भार, उसका दीर्घ आकार
करता रहता मन को चिंतित
माता दोनों हाथ जोड़ अदृश्य को लक्षित कर सिर नवाती
हे वायुदेव! रक्षा करना अपने अजन्मे वायुपुत्र को सँभालना,
अपनी प्रिया को भी
कभी उत्तर आता, चिन्ता न करो, तुम्हारे आसपास सदा ही
चक्कर काटता रहता हूँ
कभी छाया रहता अटूट मौन।

आठवाँ सर्ग

होती है वाणी प्रकट ध्वनि से
प्रकट होते ही उसके
चले आते हैं रसिया वायुदेव

चूमते हैं
वाणी के होंठों को, गालों को
पलकों को तो कभी अलकों को
करते आच्छादित
अंग-प्रत्यंग वाणी के
चुंबनों से अपने

चुंबनों के इन्हीं घात-प्रतिघातों से
लेते जन्म अक्षर
आपस में रहते हैं मिलते वे
अनेक क्रमचयों तथा संयोजनों में
और ऐसे मिलन
करते रहते पैदा अनेक शब्द

शब्दों से बनती है भाषा
शब्दों से ही वे संवरती भी है
भाषा से कवि रचता है अपनी कविता
कविता गाती है उसी वायु की प्रशंसा के गीत
जिसके घात-प्रतिघातों ने रची भाषा
अहा! कितना आकर्षक, कितना सुन्दर
रचनात्मकता का दैवीय चक्र यह

मैं कवि हूँ
आज तो मैं सुरूर में हूँ, लाखों से संबोधित हूँ
अपने देश से संबोधित हूँ, अपने काल से संबोधित हूँ
वायु मेरी कलम में है, मेरे संपूर्ण अस्तित्व में है
मैं अपनी रचनाओं से, उनके अध्यायों से संबोधित हूँ

अध्याय जो कर देंगे नष्ट प्राचीन भ्रमों को
ठीक वैसे ही जैसे कीड़े-मकोड़े
बादलों की ऊँचाई तक पहुँच कर भी
सागर के किनारे (मृत) पुनः बरस जाते हैं

मैं कवि हूँ
कैसे इन्हें छोड़ दूँ, कैसे जाने दूँ
उस आकाश के किनारों तक जहाँ उगते हैं खट्टे-मीठे फल
मैं वह हूँ जो एक मृत बहार को
अपनी सहलाती हुई उँगलियों से जगा सकता है

भाषा का विराट वृक्ष
जिससे जन्मीं महान सभ्यताएँ
अब गीतों की श्रृंखला के बीच हँसती और रोती हैं

कितना कम समय बचा है मेरे पास
इसी क्षण पैदा हो जाने के लिए
न आश्चर्यचकित होने का
न विचलित होने का
यह तो समय है
महान सैद्धांतिक आक्रमणों का

गुरु वृहस्पति और गुरु शुक्राचार्य खड़े हैं
एक दूसरे के विरोधी कोणों पर
जल्दी करो जल्दी
बढ़ती ही जा रही है गूँज
घटती जा रही हैं दूरियाँ
विरोधी जयघोषों के बीच
क्या हवा में तैरती इन ध्वनियों को
सुन पा रहे हैं देव-दानव समान ऊँचाइयों पर

सुरों के उतार-चढ़ाव के नये संयोजनों की लय
ले रही है जन्म
खोज रही है अपना अस्तित्व
किसी तुरही या बिगुल जैसे
फूँक कर बजाए जाने वाली बाँसुरी की मीठी पुकार में

भय है कि कहीं वायु पुरुष
फूलों के बागों में
मग्न हो संगीत के जुनून में
यहीं न ठहर जाएँ

मेरा विद्रोही कवि मन
क्यों फँसता है बार-बार अपने पाखंडों में
वायु के प्रवाह के हिसाब से क्यों मुड़ता है मेरा चेहरा
तूफानों और आँधियों के लिए गाते हुए जवाबी गीत

हाँ, जानता है मेरा विद्रोही कवि मन
वक्त के किन किनारों पर लगेगी
भविष्य में हमारी नाव
और हमारे नये रक्त की किन बूँदों में सर उठाएँगे देवता

हवाएँ तेज हैं, तेज है वायुप्रवाह
सुनो एक बार फिर
रात की संगमरमरी गुफाओं में
तूफानों के अट्टहास

आनन्द और हास से बिंधे हृदय वाले
मेरे कवि
तुम अपने गान का विस्फोट करने से पहले
नाप लो एक बार फिर
अपने और गुफाओं के बीच की दूरी
असफलताओं से दूर
सुख और संतुष्टि के बिछौने पर
शायद जागने ही वाले हैं वायु पुरुष

कितने भाग्यशाली हैं लोग
जिनका जन्म इस धरती पर हुआ
जिनको मिला बचपन में ही ज्ञान का वरदान
मुझे आज मिला सेवा का सौभाग्य
मेरे शब्दों में शक्ति आयी

कहने में स्पष्टता स्फूर्ति और सघनता
अक्षरों ने आगे बढ़ साथ दिया मेरा
भाषा ने किया स्वागत
मैं कवि बना, मैं कवि हूँ

मेरी कलम ने देखा है
ब्रह्म–कमल, जो खिलता है वहाँ,
खिलते नहीं जहाँ चम्पा, चमेली
या गुलाब जैसे फूल
वे छूट जाते हैं वादियों में ही
बनाते हुए उन्हें फूलों की घाटियाँ
पर बात तो शिखर की है
जहाँ है मानसरोवर का अनन्त विस्तार
वहीं खिलता है ब्रह्म–कमल
बस केवल एक, प्रतिदिन एक

वायु पुरुष मेरी नायिका के मौन को छेड़ते हैं
मेरी कविता के प्रवासी पंछी जा चुके हैं
उड़कर सदी के पार और
भागता हुआ आकाश भर गया है जैसे
पिघलते पहाड़ के हिम कणों से

ये कटाक्षों वाले
कजरारे नयनों से भी सुन्दर आँखों वाले राजहंस
गीत गाते
फैलाते आभा अद्वैत की

राजहंस, एक पक्षी, जो जीवित है
दुनिया में
किसी कथा में नहीं

जिसकी उपस्थिति है मेरी अनन्त खुशी
मेरे जीवन का महत्त्वपूर्ण तथ्य
मेरे मन के कवि की कल्पना में
वह पक्षी भ्रम नहीं वास्तविकता में जी रहा है
मेरे जीवन के लिए

ब्रह्म-कमल तो है पुष्प
अनुपमेय पुष्प प्रेम का
समर्पित अपर्णा के प्रेम से
मानसरोवर तो है मन का प्यार
वही है मानसरोवर का विस्तार
प्रेम का साम्राज्य
जहाँ मोर पपीहे नहीं, उड़ते हैं राजहंस
राजहंस रहते हैं ब्रह्म-कमल के देश में
चुगते हैं मोती

ब्रह्म-कमल तो ब्रह्म है
राजहंस चोंच में मोती लिए
करता है आराधना उसकी
उसका नृत्य अद्‌भुत
उनके परों की धवलता ढँक देती है आकाश
रात या दिन केवल पवित्रता, केवल धवलता
ब्रह्म-कमल तक वायु ही पहुँच
कर पाता है स्पर्श उन मोतियों का
स्पर्श के उस कंपन को फिर बाँटता फिरता है समस्त ऋतुओं
में।

नौवाँ सर्ग

नयनों की झील
अगर झील नयन बन जाएँ तो क्या हो
इतना यकीन है कि पानी की परतों के नीचे भी बाग होंगे
वहाँ भी प्रेमियों के पदचिह्न होंगे

झील की अमर कहानी हवा से ही तो है
वही उसके तन–मन में समाता है
अपने ही रंग में रंगता है
उन लहरों की जवानियों को
छुप कर चाँद सितारों में

उनकी रसभरी जवानियाँ लिये अपनी बाँहों में
लहरों के नीचे जो बाग है
वहाँ आनन्द–मग्न
अपनी बाँहों में
उनकी जवानी को ग्रहण करता
उनकी नीली हरी आँखों में इन्तजार भर
आगे हवा हो जाता,
मिथक बन जाता

किसी आदि स्वप्न काल में
सहस्त्रों–सहस्त्र जिह्वाओं और कोटि–कोटि आँखों द्वारा
रचे गये मिथकों में कोई एक

क्या होते हैं मिथक
कोई देव या पुराणकथा अथवा
कथात्मक अवगुंठन किसी संदेश का
या मात्र निराधार मनगढ़ंत लोककथा
अथवा स्पष्टीकरण किसी सत्य का या
प्रतीकात्मक चित्रण किसी असाधारण घटनाक्रम का

यानी मानों तो देव नहीं तो पत्थर
कवि को तो इनका देवत्व स्वीकार
आपकी जानें आप

मिथक अनन्त मिथकादि अनन्ता[1]

आद्यरूप हैं ये मिथक सत् चित्त् आनन्द का
सत्यम् शिवम् सुन्दरम् की अवधारणा का
अनन्त अमर यात्री, अहर्निश दिक्काले

तर्क नहीं विश्वास
आस्था अनन्त ही इनकी धुरी
शक्ति इनकी
सहज, सीधा, स्वीकार

1. विश्व मिथक सरित्सागर—रमेश कुंतल मेघ

अनादि अनन्त मिथकेतिहास
सर्वव्यापी, सर्वत्र, चमत्कार
स्वप्न, दिवास्वप्न और फन्तासी
इसके करीबी रिश्तेदार

रंग-बिरंगी
अकथ कथाएँ मिथकों की
जाने कब घटी
घटी भी तो क्या वैसे ही
मानते हैं हम जैसे

पात्र इनके जितने छैल-छबीले
करतब उनके उससे भी अलबेले
जियस, एफ्रोदिति, इंटी, वीराकोचा, आइसिस, हाथोर
काली, दुर्गा और गणेश
जो नहीं होकर भी हैं विद्यमान सर्वत्र
एक अदृश्य सर्वव्यापकता ही मिथकों का प्राण

रहस्य इनके ये ही समझें, ये ही जानें
हम कौन भला इनको सुलझाने वाले
अर्थ इनके
अतिक्रमण कर शब्दों की सीमा का
खोलते जाकर शब्दों से परे
अनेक ध्वनियों की परतें
उभरते जाते स्तर अनेक पश्यन्ति के
दृश्य से अदृश्य तक
मनोरथ महलों के दरवाजे खुलते जाते

फिर कैसा विस्मय, कैसा विभ्रम
मिथक–रहस्यों के धागे जितने सुलझाएँ उतने उलझे
रख दें वैसे ही तो बस सुलझे के सुलझे
मिथकों को चाहिए नहीं विश्लेषण की छुरी
जिसकी तीखी धार
उन्हें तो चाहिए व्याख्या का मनोरम विस्तार
केवल कथा अथवा घटना का नहीं
अपितु एक समानांतर ब्रह्मांड का स्वीकार

अघटित घटनाएँ या घटित कल्पनाएँ
अलग–अलग कालखंडों में
योजनों–योजनों दूर भूखंडों में
पले–बढ़े अलग–अलग
सभ्यताओं, संस्कृतियों, परम्पराओं की गोदों में
फिर भी विलग नहीं एक दूजे से इतने
आते मिथक नजर जितने
भरे पड़े हैं उदाहरण इसके

एक बड़ी समानता के सागर में
समो कर सारी असमानताओं को अपनी
करते हैं सिद्ध मिथक—
एक है विश्व का मिथकीय मानस

कहाँ नील नदी का देश
और कहाँ जम्बूद्वीप
फिर भी मिस्रवासियों का मिथक
जो बताता है कि
आकाश की ऊँचाइयों में मँडराती

मादा चीलें कर सकती हैं गर्भधारण
मात्र पवनदेव के प्रताप से
उतर आता है बार–बार
आर्यावर्त की मिथक कथाओं में

अप्सराओं में अप्सरा पुंजिकस्थला
परिपूर्ण समस्त गुणों में
अग्रगण्य अप्सराओं में

परन्तु बुरे दिन किसके नहीं आते
वही शापग्रस्त हो
हुई अवतीर्ण कपियोनि में
बनकर पुत्री वानरराज महामनस्वी कुंजर की

शाप के साथ मिला था उसे एक वरदान भी
कर सकती थी वह रूप धारण इच्छानुसार

आँखें सबकी चौंधिया जाती थीं सौन्दर्य से उसके
मानवी का करती थी धारण जब रूप वह
रूप की उसके नहीं थी करने वाली बराबरी
कोई भी स्त्री इस भूतल पर
विख्यात अंजना नाम से तीनों लोकों में
बनी पत्नी वानरराज केसरी की

एक दिन की बात है
सुशोभित रूप और यौवन से
धारण कर मानव स्त्री का रूप अंजना कर रही थी भ्रमण
काले बादलों की कान्ति वाले
पर्वत शिखर पर

रेशमी वस्त्रों में लिपटी
सुशोभित पुष्प निर्मित आभूषणों से
ढा रहा था गजब देवि अंजना का रूप
लाल कोर वाली पीली साड़ी पहने
खड़ी थी अत्यन्त आकर्षक ढंग से
पर्वत शिखर पर

गुजरे तभी वहाँ से वायुदेव
मोहित हो उनके रूप से
वायुदेव ने उड़ा दिये देवी अंजना के वस्त्र

फिर तो लगा जैसे
चमक उठी हों सैकड़ों बिजलियाँ
काले बादलों के बीच
नहा गईं चोटियाँ घाटियाँ
एक अपूर्व ज्योत्स्ना में

खो बैठे सुध-बुध वायुदेव
देख सौन्दर्य अपार
यशस्विनी अंजना के अनावृत रूप का

मोह से अंधे हो उठे वायुदेव
काम का एक ज्वार-सा जागा सारे तन-मन में
हो गया एकाग्र चित्त उनका अंजना में ही

फिर तो देवताओं की धृष्टता और
अमर्यादित कामुक आचरण की
चली आ रही लम्बी परम्परा का
भला क्यों नहीं करते वे अनुपालन

लगायी नहीं वायुदेव ने तनिक भी देर
बाँहों में भर हृदय से लगा लिया
उस अनिंद्य सुन्दरी को

सती अंजना घबरा उठी
अपने आपको पा अचानक
स्थिति में ऐसी
चीख उठी ऊँचे स्वर में—
कौन है यह
करना चाहता जो
नाश मेरे पातिव्रत्य धर्म का

पवनदेव ने बड़े प्रेम से[1]
फिर समझाया उन्हें—
कर नहीं रहा हूँ मैं
तुम्हारे किसी भी व्रत का नाश
ना ही बना रहा भागी
तुम्हें किसी अपयश का
कर दो दूर सारे भ्रम और भय
मन से अपने

किया है अव्यक्त रूप से मैंने
आलिंगन तुम्हारा
समागम मानसिक संकल्प से
समझो इसे ईश्वरीय इच्छा
परम पिता परमात्मा का वरदान पावन

---

1. बाल्मीकि कृत रामायण

प्राप्त होगा प्रसाद इसी विलक्षण क्षण में
आएगा वरदान यह
कर रूप धारण
बुद्धि, बल, पराक्रम से संपन्न
एक विख्यात देवबालक का

होगा वह महान धैर्यवान, महातेजस्वी
महाबली तथा महापराक्रमी
लाँघने और छलाँग मारने में होगा मेरे समान

वायुदेव के समझाने वाले ऐसे मधुर वाक्यों से
हुई देवि अंजना प्रसन्न
उन्होंने दिया जन्म एक पुत्र को
उसी पहाड़ की गुफा में

पलने लगा राजपुत्र-सा
बालक वह विलक्षण
महल में वानरराज केसरी के
बढ़त थी दिन दूनी तो रात चैगुनी
आश्चर्यचकित करती थी
बुद्धिमत्ता उनकी
तो मोहती थी बाल सुलभ चंचलता

बाल्यावस्था में एक दिन
भूख से व्याकुल
उगते सूर्य को मीठा फल समझ
उछल पड़े आकाश में चिरंजीवी वायु-पुत्र...

दसवाँ सर्ग

आसमानों की शून्यता में
फैली थी रेत ही रेत व्यतीत की
उग आया था किसी विशाल अश्वत्थ की तरह
कालवृक्ष
फैलती जड़ों के जंजाल में जिसकी
फँसी पड़ी थी पृथ्वी
पकी हुई मिट्टी से बने किसी कन्दुक समान

फैलती हुईं डालें
अपनी विरासत में
किसी महान साधक की असंख्य कामनाओं-सी
प्रेम और हिंसा के विरोधी संस्कारों के विद्रोह में फड़कती
जैसे चाहतें उभरने वाली हों संगीत बन
और वायुपुत्र के स्वागत में यह कविता रोमांचित हो
अपनी उमंगों में डूब जाना चाहती हो

किसी तिलस्मी माहौल में
पवित्र प्रतीकों
और वशीभूत आत्माओं के साथ

नारियल जैसी बाहरी कठोरता के भीतर
उदारतापूर्ण आशीर्वादों को छुपाये
पवित्र पंखों की सहायता से
पृथ्वी और सूर्य के बीच
सर्वोच्च आदर्शों को स्थापित करता
भाषाओं का वह महान काल-विटप बुदबुदाता
करता उच्चारण फुसफुसाहटों में अपने
भविष्य के ज्ञान और मन्त्रों का

हवाओं द्वारा बार-बार पवित्र किए गये
शक्तिमान बनाए गये ग्रह
शून्य की दीवारों पर अवस्थित हो
अपने उपचारक, उद्धारक मन्त्रों को
कंगनों की तरह बजाते, झमकाते झूम रहे थे

खाया है जिसने अंधेरों के श्राद्ध का भोज
शब्दों में भरा है जिसके
भविष्य और सौभाग्य का प्रबल वेग
पागल हवाओं को चीर
गिरता है विशाल जलप्रपात-सा

जिसकी स्वच्छता और ताजगी में
अंतर्निहित है
जीवन का संगीत
आने वाले भविष्य का स्वप्न

वही, इस ढीठ उड़ान के बीच
कौतुकी प्राण-जल बन बहता है

धोता चरण वायु पुरुष के
अदृश्य हो जाते हैं जो
दिखने से पहले ही

इस उल्लासमय जल का ही दायित्व है
धो डालना—
सारा विध्वंस, सारा अतीत, सारा कूड़ा
वायु पुरुष के पथ से
उनके पग पड़ने से पहले

पथ, जो पहुँचता है सृष्टि के कोने-कोने तक
मापता है समस्त शून्य का आयतन
समस्त आगत-अनागत का रखता है हिसाब
भूत, भविष्य, वर्तमान के वक्षस्थलों के
आभासी भूगोल और इतिहास का

यही जन्मता है महान मिथकों
मिथकीय संस्कृतियों-सभ्यताओं
और उस आभासी ब्रह्मांड का
जो डोलता रहता है
धुँधले स्वप्न और भ्रान्ति
यथार्थ और सम्भावना की
धुरियों के बीच

मृतकों के काल्पनिक लोकों
पाताल और आकाश के साथ-साथ
बुनी गयी एक मिथकीय दुनिया
तरह-तरह के देवों, दानवों,

यक्षों, गंधर्वों और किन्नरों की बसावटों से

कायांतरणों, रूपांतरणों, वरदानों, अभिशापों
प्रतिस्पर्धाओं, युद्धों, घातों, प्रतिघातों
की अद्‌भुत कथाओं से भरी हुई एक ऐसी दुनिया
जो चमत्कार और अलौकिकता के डैनों पर सवार हो
अनायास ही करती रहती है
देश-काल के अवरोधों का उल्लंघन

मिथकों की यह दुनिया भरी हुई है
आकर्षक परंतु घातक
देवियों, देवों, पशुओं और मनुष्यों से
इनकी लोभ-लालसा, कामना-विलासिता से भरी हरकतें
करती हैं विस्मित, विचलित

अपराध, न्याय, अन्याय आदि की
एक अलग अवधारणा
गुजरती रहती है
इनकी कथाओं से होकर

एफ्रोदिति की करधनी हो
अथवा कामदेव के बाण
घेरे हुए हैं
अनादि से अनन्त तक
स्वप्न समय से लेकर शाश्वत वर्तमान तक को

मिथक करते हैं प्रगट...
विश्वब्रह्म के रहस्य और स्वभाव को
अभिव्यक्त करते हैं उसके आश्चर्य को

सीख देना चाहते हैं दुनिया के लोगों को
समरसतापूर्वक जीवन-यापन का

सूर्य तक पवनात्मज का पहुँचना निश्चित जान
कुपित हुए इन्द्रदेव
किया घातक प्रहार अपने वज्र का

पुत्र पर घातक प्रहार की बात सुन
महाक्रोध किया वायुदेव ने
और छोड़ दिया
प्रवाहित होना तीनों लोकों में

वायु के प्रकोप से
बन्द हो गया लोगों का साँस लेना
हाहाकार मच गया समस्त सृष्टि में
अवरुद्ध होने से वायु के
तीनों लोकों में मच गयी खलबली
अनुनय-विनय में वायुदेव के
लग गये समस्त लोकपाल
सामर्थ्यशाली मरुत ने
सारी प्रजा के भीतर रहकर भी
समेट ली गति अपनी वहाँ से
रोक दिया संचार श्वास आदि का

जैसे रोक देते हैं इन्द्र वर्षा
वैसे ही वायुदेव रोककर प्रजाजनों के
मलाशय और मूत्राशयों को
देने लगे घोर पीड़ा

कर दिया अवरुद्ध उन्होंने
समस्त भूतों के प्राण-संचार को

बन्द होने लगी वायु के प्रकोप से
समस्त प्राणियों की साँस
जोड़ टूटने लगे सभी अंगों के
वे सबके सब हो गये चेष्टा-शून्य
किसी काठ के समान

बन्द हो गये यज्ञ, वेदपाठ, स्वाध्याय तीनों लोकों में
हो गये बन्द सारे धर्म-कर्म
जीवित ही नरक जाने की सजा
लगे भुगतने त्रिभुवन के प्राणी

गंधर्व, देवता, असुर और मनुष्य—
व्यथित हो उठी सारी प्रजा
गया पेट फूल सभी देवताओं का
मानो हो गया हो रोग महोदर का

दुखी प्रजाजन पहुँचे
अपनी गुहार ले ब्रह्मा के पास

समझाकर बताया फिर ब्रह्मा ने उनको
कारण कुपित होने का वायुदेव के
होने का उनके शोकाकुल और क्रुद्ध—

वायुदेव स्वयं शरीर धारण करके
विचरते हैं समस्त शरीरों में उनकी रक्षा करते हुए

वायु के बिना हो जाता है यह शरीर सूखे काठ के समान

समावेशी वायु ही सबका प्राण है, वायु ही सुख है
वायु ही यह सम्पूर्ण जगत् है
वायु से च्युत होकर
जगत् कभी सुख नहीं पा सकता

वायु ही जगत् की आयु है
प्राणियों को संसार के
वायु ने जैसे ही त्यागा
हो गये निष्प्राण सब

तदन्तर सबको लेकर चले ब्रह्मा वायुदेवता के पास

बैठे थे वायुदेव करते विलाप
लिये गोद में अपने मूर्छित पुत्र को
देखते गौर से बालक के शरीर को
खोजते कोई कंपन, कोई स्पंदन अपने आतुर नयनों से
करते लेप कभी किसी जड़ी-बूटी का
तो कभी काँपते हाथों से रस निचोड़ टपकाते किसी लता का
उसकी रक्त रंजित ठोड़ी पर

किंतु न तो मूर्छा टूट रही थी पुत्र की
न रुक रहा था रक्तस्राव ठोड़ी का
किसी महा अशुभ की चिंता से
काँप-काँप उठता था उनका मन
रह-रह कर अश्रु पूरित हो उठते थे नयन

घूम रही थीं न जाने कितनी स्मृतियाँ
कितने-कितने चित्र उनके दिल-दिमाग में
वे सारे वादे जो किए थे उन्होंने
उसकी माता से
वे सारे अरमान जो सँजोए थे स्वयं उन्होंने
अपने पुत्र के महापराक्रमी, महान वीर
और विद्वान होने के

सच में क्या हो सकती है
इससे बड़ी सजा, इससे बड़ा कष्ट
किसी भी पिता के लिए
सहेजना पड़े जिसे अपना मरणासन्न पुत्र
अपनी ही गोद में

निःसहाय देखते हुए उसका मुख
अपनी असहाय विवशता की व्यथा
रह-रहकर टपक जाती थी आँखों से

देखते रहे थे वे सदा
धीरे-धीरे बढ़ना अपने पुत्र का
कभी माता की गोद में मचलते, कभी लोरी सुनते
कभी वानरराज केसरी के राजमहलों में घुटरुवन चलते
मोहित होते कभी
उसके पैरों में बजती पैजनियों की रुनझुन पर
तो कभी मोहित उसकी दंतुरित मुस्कान पर
देखते उसे हाथ फैला दौड़ते राजवाटिका में
किसी तितली को पकड़ने
तो कभी किसी पक्षी को
कभी कोयल की आवाज में आवाज मिलाते

तो कभी नाचते
मोर की नकल उतारने की कोशिश में
बार-बार गिरते उठते

संतुष्ट उसके प्यार भरे लालन-पालन से
कभी जरूरत ही नहीं समझी उन्होंने
अपने वात्सल्य के प्रदर्शन की
जैसे वे थे अदृश्य
वैसे ही रहा उनका पुत्र-प्रेम भी अदृश्य

परन्तु आज जब वही बालक
पड़ा था मरणासन्न उनकी गोद में
तो बाँध तोड़ बह उठा था वही वात्सल्य
चाहता था बादल बन बरस जाना
सराबोर कर देना अपने पुत्र को

परन्तु विकट था समय
सिवा धीरज के नहीं था और कोई संबल
बस जो भी थोड़ा बहुत आ रहा था समझ में
उसी के अनुरूप करते उसकी सेवा
कभी पुत्र से करते विलाप कभी करते मनुहार
होश में आने की याचना करते कभी
तो कभी करते व्यक्त अपनी वेदना

जागो पुत्र जागो
उठो अपनी मूर्छा से बाहर आओ
मेरी पुकार सुनो
मेरी बाँहें व्याकुल हैं

तुम्हें सीने से लिपटा लेने के लिए
मेरे होंठ तड़प रहे हैं
चूमने के लिए तुम्हारा प्यारा मुखमंडल

जागो–जागो
अपने पिता के अंधेरे हृदय में
प्रसन्नता का दीप जलाने के लिए जागो
अपने पिता के नयनों के अश्रु पोंछने के लिए जागो
सबके होंठों की मुस्कान वापस लाने के लिए जागो
मेरी निराशा को आशा में बदलने के लिए जागो
तुम्हें तो इतिहास रचना है
अमर होना है
मेरे सारे सपनों को साकार करने के लिए जागो
मेरे प्रिय पुत्र
मेरे हृदय को प्रफुल्लित करने के लिए जागो
उठो–उठो एक बार तो उठो
अपनी मूर्छा तोड़कर
एक बार तो इस दुखी पिता की ओर देखो

गुजार रहे थे वायुदेव
असह्य पीड़ा की
मर्मांतक वेदना से भरी वे घड़ियाँ
किसी अनहोनी की आशा में
देखते कभी पुत्र के मुख को
कभी गुफा के द्वार को

तभी कुछ आहट हुई
लगा कि सुनाई दे रही हों कुछ पगध्वनियाँ

और फिर प्रगट हुए गुफा द्वार पर ब्रह्मा
उनके पीछे-पीछे सारे देवता
और अगुवाई करते उन सभी देवताओं की
नत सिर, पश्चाताप से ओतप्रोत
उदास मुखमंडल वाले
देवराज इन्द्र

वेदवेत्ता ब्रह्मा ने उस शिशु पर लीलापूर्वक हाथ फेरा
उनका स्पर्श पाते ही पुनः
स्वस्थ हो गये आंजनेय
प्रसन्नतापूर्वक लगे करने संचार फिर वायुदेव
प्राणियों के भीतर अवरुद्ध हुए प्राणवायु

सबको समझाते बोले ब्रह्मा—
प्रकृति की लय को न छेड़ो
सृष्टि का आशय समझो
वायुदेव करते हैं भ्रमण
अन्तरिक्ष का, आकाशगंगा का

वन-उपवन, नदी, सागर, आकाश, धरती
सबके कोने-कोने का
मिलते हैं सभी जलचरों, थलचरों, नभचरों से
सबके गुण, सबकी विशेषताएँ करते हैं गुंफित
और उन्हें गिन-गिनकर मौसमों में ढालते हैं
जो छेड़ेगा इन्हें—वह पछताएगा

बोलते-बोलते न जाने अनागत भविष्य के
किस विषम अध्याय के पन्ने

हो उठे अनावृत उनकी दिव्य-दृष्टि-पथ में
अश्रुमय हो उठे उनके सभी नेत्र
पुत गयी उदासी तीनों मुखमंडलों पर
बोले भारी स्वर में—

वायुदेवता के सारे प्रयत्नों
सारी सावधानियों के बावजूद
सुदूर भविष्य में देख रहा हूँ एक ऐसा भी समय
जब सृष्टि की सर्वोत्तम रचना
मानव प्रजाति ही बन उठेगी
सृष्टि-हन्ता, आत्म-हन्ता

आकाशगंगा तक को छूने लगेंगे
मानव के विध्वंसक कारनामे

बना तो न पाएँगे बेहतर कुछ भी
परंतु नासमझी में खाते और खोते रहेंगे
प्राकृतिक संसाधनों को
पयस्विनी प्रकृति का करेंगे
अविवेकी दोहन ऐसा

समाप्त हो दूध
बहेगा उन पयोधरों से लहू

डरती है इसी बात से प्रकृति कि
वे मानव कर तो पाएँगे नया कुछ नहीं
परंतु देगी वे उन्हें जो भी उत्तम, विरासत में
करेंगे क्रोध उसी के प्रति

होना था जिन आँखों में प्रेम
स्वार्थ में वे ही बनेंगी अंधी
छा जाएगा अविवेक सभ्यता की समझ पर
वे अदूरदर्शी
उठा लेंगे बंदूकें विध्वंसक उन्हीं हाथों में
जिनमें होने चाहिए थे हल

अंतरिक्ष में जाकर नासमझी में छेड़ेंगे
परत दर परत बादलों को
चीरेंगे सूर्य की धूप
करेंगे मलिन चाँद की चाँदनी
और नष्ट तारों का प्रकाश

अनुकूल से हो उठेगा प्रतिकूल सारा जीवन
पुण्य तो होगा,
परंतु होगा पुण्य से अधिक पाप
कल्याण से ज्यादा नाश

पवन प्रदूषित करने के महापाप के भागी
अपने कष्ट मिटाने को भागेंगे मंदिर-मंदिर
हनुमान के आगे हाथ जोड़े प्रसाद चढ़ाएँगे
परंतु अपने-अपने पिता के हत्यारों को
क्यों कर पवनपुत्र उबारेंगे

कुछ कर न पाएँगे,
बस देखते ही रह जाएँगे वायु का प्रकोप
असहाय मानव, धरे हाथ पर हाथ
कहीं सूखा, कहीं बाढ़

कहीं भूकंप तो कहीं चक्रवात
न जाने कैसे देखा जाएगा
ऐसा विध्वंस देश-दुनिया का
जो बदल देगा चाल-चलन धरती का
सुख का परिवर्तन दुख में होगा

वीरानों में गूँजेगी आवाज
जाग मनुष्य जाग, अपने भविष्य को पहचान
सुन आहट प्रलय की

दावानल, महामारी या युद्ध
करते हैं धरती पर जब विनाश का शंखनाद
तो नहीं लील जाते सब कुछ
निश्चय ही जूठन-सा देते हैं छोड़ कुछ न कुछ

परंतु प्रदूषण से रुष्ट प्रकृति
करती है जब तांडव-नर्तन
तो कुछ भी न शेष रह जाता है
जाता है पुनः समा वृक्ष बीज में
हो जाता है अवतरित महाप्रलय

चली आ रही है बहस लंबे समय से मिथकों पर

मिथक सच हों या झूठ
निहित तो उनमें अवश्य होता है कोई न कोई मानव-हित
कोई न कोई महत्त्वपूर्ण संदेश
कोई न कोई दूरगामी दृष्टि करती सावधान
सुदूर भविष्य की आहटों से

अनगिनत युग, अनगिनत कल्प, अनगिनत सूर्योदय
भूलोक, चंद्रलोक, सूर्यलोक
सप्तऋषि, आकाशगंगा, अनगिनत सौरमंडल
जो राग रागिनियाँ बनकर हममें समाहित हैं
हम गाते हैं रिझाते हैं, सप्तसुरों में डूब जाते हैं

ये उनकी देन हैं
वायु के कंठ में भी स्वर है

एक बार फिर घुल जाने दो
छायी निराशा और विनाश के भय को
प्रकृति की पवित्रताओं में
घुल जाये उसमें सब कुछ
उसी में से उठाया जा सके सब कुछ
पवित्र जल हाथों में ले पढ़ा जा सके
गवाही के लिए प्रतिज्ञा–पत्र

क्या बताएँगे हवा के झोंके इन तथाकथित देवों गंधर्वों को
कि तेज धार से चमकाई जा रही हैं प्रदूषण की सैकड़ों तलवारें
इसी समय

मत होने दो कुछ भी उत्पन्न
आने वाली सृष्टि के विरुद्ध
जो कुछ भी है जीवन के विरुद्ध
हे वायु! उसे उड़ा ले जाओ
डाल आओ अंतरिक्ष के किसी कूड़ेदान में
समझने दो प्रभुओं और उनके देशों को
वायु पुरुष का कोड़ा चलता नहीं अकारण
चलने पर होता नहीं निरर्थक।

ग्यारहवाँ सर्ग

हवा की शक्ति क्या है?

मेरे कानों में दूर से आ रही है अनगिनत सूर्यों के घोड़ों की
टापों की गूँज।
मेरी पलकों पर नाच रही हैं अनगिनत सूर्योदयों की मंगल
किरणें

किरणों और जलकणों के मिलने से
पाता है सूर्य अपना तेजस्वी स्वरूप
प्रकट करते हैं आदित्य अपना रूप

उसकी किरणें दिन में प्रकाश रूप धारण करती हैं और रात में
अन्य कृष्ण रूप धारण करती है
अंधकार केवल प्रकाश का अभाव नहीं है, उसकी सकारात्मक
सत्ता है
और यह अंधकार भी प्रकाश का रूपांतर है

अरूप शक्ति का एक नाम 'त्वष्टा' है—त्वष्टा रूपों की रचना
करने में समर्थ है—त्वष्टा ने पृथ्वी और आकाश को सुंदर
बनाया है। पितरों ने नक्षत्रों से आकाश को सजाया है।

अंतरिक्ष में टहलते अनन्त सौर मंडलों की सुगंध कितने
कितने कल्पों से सँजोये वायु का होता है आगमन
वायु की असीम शक्ति से संचालित अनेकानेक आकाशगंगाओं
के जल में डुबकी लगाता हूँ
और मेरी वायु के प्रति जिज्ञासा बढ़ती ही जाती है

अनुमान मैं कैसे लगाऊँ उस शक्ति का जिसके वेग के आगे
हर चीज झुकती है
सभ्यताएँ तितर-बितर हो जाती हैं और हर कार्य बदल-बदल
जाता है
नष्ट हो जाता है, पहचाना भी नहीं जाता
अनन्त काल से कई बनती-बिगड़ती सभ्यताओं का गवाह यह
वायु ही तो है
इसी के पास तो है सृष्टि के प्रागैतिहासिक काल से भविष्य
तक के
क्रमिक विकास और विनाश की कथा

इसका पता है भी तो अनहद काल के पास
समस्त अंतरिक्ष का भूत, भविष्य और वर्तमान अपनी मुट्ठियों
में समोने की शक्ति से विभूषित है वायु
जिसमें समाहित है कितनी सारी ऊर्जा और शक्ति

कितने कालों का सान्निध्य, कितने ग्रहों धूमकेतुओं की लड़ियाँ
तारों के सेहरे
कितने उज्ज्वल प्रकाश के सतलड़े
जैसे फूटते सहस्त्रों अनार मेरी आँखों के सामने
कितने करोड़ों करोड़ वर्षों की दूरी की धूप सूर्य और वायु के
माध्यम से हम तक पहुँचती है

कितने-कितने दिन महीने वर्ष कल्प संवत्सर मन्वन्तर आदि हैं
विद्यमान इस वायु के भुजदंडों में
वायु पहचानता है इन्हें ये सब पहचानते हैं वायु को
हम नहीं जानते वायु को जिस तरह वे जानते हैं

हवा घेरती है हर पल
हरेक को छूती है
क्या कहूँ दिन-रात होता है मुझसे इसके पुरुषार्थ का परिचय
अदृश्य होते हुए भी बादलों में घूमता हुआ नजर आता है
शाम की धूप में उतरता हुआ नजर आता है

वे तो मेरे आगे हैं अंदर है
मेरी भाषा बूटे-बूटे, पत्तों-पत्तों जैसे झड़ रही है
मैं तो मात्र तिल हूँ उसके आगे
वेग उसका मैं अकेले सह नहीं सकता
इतनी शक्तियों का सारथी लोगों के लिए अदृश्य है

कभी तो किसी ने उसे देखा होगा
विश्व के अनेकानेक महाकाव्यों में से
किसी ने तो कभी उसे कहीं चित्रित किया होगा
व्याख्यायित किया होगा

किसी कलाकार ने अपनी छेनी-हथौड़ी से
किसी चित्रकार ने अपनी तूलिका से
किसी कवि ने अपने शब्दों से उसके पीताम्बरी उत्तरीय को
छुआ होगा
बिल्लौर-सी सुन्दरियाँ मदिराओं की मादकता लिये,
गंधों की सार्थकता लिये

सुरों का संगीत और थिरकन लिये
उतरी होगी अंजना, कुन्ती जैसी
उसके वेग से एक के तो वस्त्र उड़ गये
आंजनेय पैदा हुए दौड़े सूर्य को फल समझ खाने
और दूसरी
कुन्ती ने बार बार उसका आह्वान किया, मन्त्रोच्चार किया
प्रार्थना की कि मंगल–सूत्र के बिना ही समा जाओ मेरे तन–मन
में, बस...

बताओ कैसे लिखूँ? मनुष्य हूँ। देवता नहीं जो इसकी महान
शक्तियों को पी सकूँ
उतार सकूँ घोल सकूँ उस तेल में
जो मुझ जैसे कई लोगों के जीवन की बाती को स्नेह देते हैं

अदृश्य हैं वायु परंतु उपस्थित हो सकते हैं किसी भी रूप में
वे तो मिथकीय पुरुष हैं भी और नहीं भी
इसका मैं पाठकों को आभास भी करा सकूँ तो
मेरी कलम धन्य है, मेरा काव्य अमर है

मेरा समर्पण उन मंत्रद्रष्टा ऋषियों को है
जिन्होंने इस अदृश्य वायु पुरुष को अवश्य देखा है
वेदों ने देखा है, पुराणों ने देखा है, उपनिषदों ने देखा है
हिरण पर सवार इस देवता को त्रिमूर्ति (ब्रह्मा, विष्णु, महेश)
ने देखा है

मेरे बाल काल का सखा, मेरी जवानी का मित्र,
मेरी सुहाग–रात का प्रेमी
ये गंधवाही है, गमक लिए

सप्तसुरों से निकलते असंख्य राग-रागिनियों का
सुगंधि लिये धूप-कर्पूर, केसर, कस्तूरी, चंपा, गुलाब, केवड़ा
की
ये फलों में अपना अस्तित्व छोड़ता रस बनकर
ऋचाओं में शब्द और स्वर बनकर
जाने कितने कृष्ण अपने गीता-गायक और विराट विश्व
स्वरूपों में
समाहित हैं वायु में
वायु स्वतंत्र है
किसी संस्कार, किसी धर्म के बंधन को नहीं मानता
वह सबके लिए है
क्या उसके लिए भी कोई है... ?

भरतवाक्य

मैं ये क्या लिख गया। धूप से खेलने लगा। अंतरिक्ष की बातें कीं।

जैसे किसी विशाल अश्वत्थ वृक्ष के साये तले घूम रहा था और उसका एक पत्ता मुझ पर गिर पड़ा। उसको उठाकर मैं पढ़ने लगा जैसे पढ़ता है कोई हाथ की लकीरें। खामोश पत्थर वक्त की जमीन में धँसे जा रहे हैं।

न तो मैं पत्थर का राज जानता हूँ न ही धरती का
कितना नादान हूँ, कहाँ जा रहा हूँ।
मैं भूत–भविष्य को खुद नहीं जानता मगर
इन बड़ी परिकल्पनाओं को आकार दिया है,
शब्द दिया है, मेरी कलम ने।
क्या ये सब सच नहीं।

हाँ, सच है
मैं तो यही सोचता रहा कि आगे कैसे बढ़ूँ

सिर्फ सोचना ही काफी नहीं था। मैं किससे बोलूँ कि अन्तरिक्ष से परे आकाशगंगा के किनारे पर कोई बुलाता है। दस्तक देता है। मेरे तकिए पर रातों में अपने

सपने छोड़ जाता है। इन्हीं को तो मैं आप तक पहुँचाना चाह रहा हूँ। मैं मात्र बोलना चाहता हूँ और प्रकृति से चाहता हूँ आशीर्वाद कि मेरे खट्टे-मीठे शब्द जो शायद पूरी तरह कहे भी नहीं जा सके हैं, वायु के दामन को पकड़े हुए अपने परिणाम तक पहुँचें।

हाँ, परिणाम को तो गुजरना होगा, आँख बंद कर,
चाहे वे विश्वयुद्ध ही क्यों न हों, सतयुग के, त्रेता के,
द्वापर के अथवा कलियुग के।
वे तमाम युद्ध आपके और हमारे बीच से गुजरकर कहीं बहुत दूर चले गये हैं और मुझमें एक भरा पूरा वट-वृक्ष छोड़ गये हैं।

सभ्यताओं के झुंड, प्रवासी पक्षी आकर इस वृक्ष पर कुछ देर ठहरते हैं

उनकी आँखें एक ही दिशा में देखती हैं
परन्तु उनकी चहचहाहट वह नहीं कहती है जो प्रवासी मनुष्य बोलते हैं

मैं भटक-भटक गया हूँ फिर।
कुँआरी रेत पर जैसे समुद्र छोड़ गया हो अपनी पहचान
और एक लकीर मुस्कान...

❑ ❑ ❑

अनुलग्नक – क

Penguin Books Ltd, Harmondsworth, Middlesex
AUSTRALIA: Penguin Books Pty Ltd, 762 Whitehorse Road,
Mitcham, Victoria

—

Eine Kindheitserinnerung des Leonardo da Vinci first published 1910

This translation, by Alan Tyson, was first published (as *Leonardo da Vinci and a Memory of his Childhood* in Volume Eleven of the Standard Edition of the Complete Psychological Works of Sigmund Freud, edited by James Strachey in collaboration with Anna Freud and assisted by Alix Strachey and Alan Tyson) by The Hogarth Press and the Institute of Psycho-Analysis (by arrangement with Routledge and Kegan Paul) in 1957

—

Published in Pelican Books 1963

—

—

Made and printed in Great Britain
by Cox and Wyman Ltd
London, Reading, and Fakenham
Set in Monotype Baskerville

अनुलग्नक – ख

CONTENTS

species.[1] A counterpart to this restriction to one sex was also known to the natural history of antiquity: in the case of the scarabaeus beetle, which the Egyptians worshipped as divine, it was thought that only males existed.[2]

How then were vultures supposed to be impregnated if all of them were female? This is a point fully explained in a passage in Horapollo.[3] At a certain time these birds pause in mid flight, open their vagina, and are impregnated by the wind.

We have now unexpectedly reached a position where we can take something as very probable which only a short time before we had to reject as absurd. It is quite possible that Leonardo was familiar with the scientific fable which was responsible for the vulture being used by the Egyptians as a pictorial representation of the idea of mother. He was a wide reader and his interest embraced all branches of literature and learning. In the *Codex Atlanticus* we find a catalogue of all the books he

1. '*γῦπα δὲ ἄρρενα οὔ φασι γινέσθαι ποτε, ἀλλὰ θηλείας ἁπάσας.*' ['They say that no male vulture has ever existed but all are females.' Aelian, *De Natura Animalium*, II, 46.] Quoted by von Römer (1903, 732).

2. Plutarch: '*Veluti scarabaeos mares tantum esse putarunt Aegyptii sic inter vultures mares non inveniri statuerunt.*' ['Just as they believed that only male scarabs existed, so the Egyptians concluded that no male vultures were to be found.' Freud has here inadvertently attributed to Plutarch a sentence which is in fact a gloss by Leemans (1835, 171) on Horapollo.]

3. *Horapollinis Niloi Hieroglyphica*, ed. Leemans (1835, 14). The words that refer to the vulture's sex run: '*μητέρα μέν, ἐπειδὴ ἄρρεν ἐν τούτῳ τῷ γένει τῶν ζώων οὐχ ὑπάρχει.*' ['(They use the picture of a vulture to denote) a mother, because in this race of creatures there are no males.' – It seems as though the wrong passage from Horapollo is quoted here. The phrase in the text implies that what we should have here is the myth of the vulture's impregnation by the wind.]

अनुलग्नक – ग

श्रेष्ठ भारतीय साहित्य

णाणं पयासयं

भारतीय ज्ञानपीठ

भारतीय ज्ञानपीठ